Rudi Knoll

Saale-Unstrut
Weine & Winzer

UNSTRUT
SAALE

Saale-Unstrut
Weine & Winzer

von

Rudi Knoll

mit 34 Winzer-
Portraits und
vielem mehr
zur Region

axel dielmann – verlag
Kommanditgesellschaft in Frankfurt am Main

neugier@dielmann-verlag.de
www.dielmann-verlag.de

Gestaltung:
Urs van der Leyn, Basel
Satz:
Dagmar Mangold, Bad Soden
Gesamt-Herstellung:
OOK Press, Veszprém

ISBN 978 3 86638 293 0

Inhaltsverzeichnis

Eine blühende Landschaft

Viel gab es in Sachen Wein nicht zu erleben im Jahr 1984, als der Schreiber dieser Zeilen als erster westdeutscher Weinjournalist die Deutsche Demokratische Republik und ihre Weinbaubetriebe besuchte. Die Tour musste vorher beantragt werden. Sie wurde nach einigen Monaten genehmigt, aber mit der Maßgabe, dass eine Begleiterin vom Presseamt mitfährt. An Saale-Unstrut konnten zwei Betriebe besucht werden: Die Genossenschaft in Freyburg, deren damalige Füllanlage unten und Lager auf der nächsten Seite zu sehen sind, und das Volkseigene Weingut in Bad Kösen. Die Sektkellerei Rotkäppchen wurde nicht in die Besuchsliste aufgenommen. Die Artikelserie, die hinterher in einem Magazin erschien, erregte ein gewisses Aufsehen im deutschen Westen. Viele waren erstaunt, dass in der DDR überhaupt Weinbau betrieben wurde …

Festzustellen war, dass in den beiden Betrieben mit dem Wein als Medium eine durchaus angenehme Atmosphäre herrschte und weitgehend ungezwungene Gespräche und auch Verkostungen möglich waren. Sogar die Begleiterin taute auf und genoss den Wein von Saale und Unstrut.

Logisch, dass gut fünf Jahre später die DDR wieder ein (Wein-)journalistisches Thema wurde. Die Mauer war gefallen. Wer damals direkt oder indirekt mit Wein zu tun hatte, wusste nicht, wie es weitergehen sollte. Der nächste Artikel war betitelt mit „Letzter Jahrgang DDR"; gemeint war der 1989er.

Dessen Ernte 1990 fiel bereits in den Zeitpunkt der Wiedervereinigung. Und ein halbes Jahr später kam es zur ersten gemeinsamen „Jungweinprobe" (im Bild unten), der damals vier Betriebe von Saale, Unstrut und Elbe angehörten. Die Anregung hat der gleiche Journalist gegeben, der 1984 vor Ort war und mit dieser Idee den Betriebsleiter des Weingutes Bad Kösen, Udo Lützken-

Wein in der DDR

Das 52. größte Weinland

Das Gebiet der jetzigen Deutschen Demokratischen Republik war im Mittelalter ein großes Weinland. Nach einem langen Prozeß der Schrumpfung erlebt Weinbau einen Aufschwung. »Weinfreund«-Redakteur Rudolf Knoll war eine Woche in den Anbaugebieten der DDR. Seine Serie über den Wein im sozialistischen Deutschland startet mit diesem Bericht.

Rebstöcke im Stadium des Austriebs, hoch über der Elbe, bei Meißen (Bild oben). Weinbau in Reih und Glied – eine von zahlreichen Neuanlagen, die von vielen Hobbywinzern gepflegt wird (Bilder unten).

dorf, begeistern konnte. Auch Repräsentanten aus dem Westen machten sich damals auf in den Osten und erkannten einen starken Behauptungswillen in der Weinszene der vormaligen DDR. Zu diesem Zeitpunkt gab es in verschiedenen Orten bereits die ersten Bestrebungen von Bürgern, selbst Wein anzubauen, auf Flächen, die einst der Staat einkassiert hatte, um sie in die bestehenden volkseigenen Großbetriebe zu integrieren.

Leicht hatten es diese Pioniere des ostdeutschen Weinbaus im neuen Gesamt-Deutschland nicht. Aber sie waren mit Begeisterung bei der Sache, konnten sich – meist ungewohnt für sie – unternehmerisch entfalten und teilweise Fördermittel in Anspruch nehmen. Verbandsstrukturen entstanden, sogar die ersten Blüten eines Weintourismus waren nach wenigen Jahren aufgegangen. Das war sehr ausgeprägt zu erkennen, als 1998 ein bemerkenswertes Jubiläum zu feiern war:

1 000 Jahre Weinbau an Saale und Unstrut. Wein-Höhepunkt war hier eine Auktion von Raritäten in Naumburg am 28. März, bei der hundert Flaschen für mehr als insgesamt 6000 Mark unter den Hammer kamen (schwin-

gen durfte ihn der Schreiber dieser Zeilen, wie man unten sieht; die Idee war bei einem Weißwurst-Frühstück mit charmanten Damen der Weinwerbung geboren worden).

Damals gab es schon neben dem Landesgut und der Winzervereinigung (Genossenschaft) eine Reihe gut funktionierender Weinbaubetriebe, die heute noch aktiv sind und inzwischen zu den Aushängeschildern des Anbaugebietes gehören. Zu ihnen haben sich im Lauf der folgenden Jahre etliche weitere Weinerzeuger gesellt, so dass Saale-Unstrut eine prächtige Entwicklung genommen und die Rebfläche sich von 380 Hektar vor 30 Jahren durch eine steile Entwicklung in Thüringen praktisch verdoppelt hat. Bundeskanzler Helmut Kohl wurde häufig kritisch für seine Prognose über „blühende Landschaften“ in den neuen Bundesländern* aus dem Jahr 1990 ins Visier genommen. Aber beim Weinbau hat er Recht behalten ...

* *„Durch eine gemeinsame Anstrengung wird es uns gelingen, Mecklenburg-Vorpommern und Sachsen-Anhalt, Brandenburg, Sachsen und Thüringen schon bald wieder in blühende Landschaften zu verwandeln, in denen es sich zu leben und zu arbeiten lohnt.“*

*D*ie reiche und abwechslungsreiche Geschichte

eines Weinbaugebietes

Er lebte nur 22 Jahre, wurde schon anno 983 als Dreijähriger (!) zum deutsch-römischen König bestimmt und übernahm mit 14 Jahren langsam die Regierungsgeschäfte von seiner Mutter Theophanu als Kaiser Otto III. (unten). Es waren wilde Zeiten damals vor der ersten Jahrtausendwende. Ob der offenbar hochbegabte junge Mann kluge oder schlechte Entscheidungen traf, darüber streiten sich noch heute Historiker. Ein Chronist urteilte, die Genialität seiner Persönlichkeit sei nicht zu übersehen. Eine seiner weitreichenden Entscheidungen hat heute noch Gültigkeit: 998, da war Otto gerade 18 Jahre jung, schenkte er dem Kloster Memleben (Folgeseite), wie eine Urkunde belegt, die Reichsburg Wiehe mit dazugehörigen Ortschaften und Gütern sowie eine Saline. Es war in jener Zeit, dem Kaiserreich der Ottonen mit Otto I. (912-973), Otto II. (955-983) und schließlich Otto III. (980-1002) nicht nur üblich, dass die Macht in sehr jugendliche Hände gelegt wurde (verbliebene Elternteile oder Verwandte wachten über die Kinder, bis sie einigermaßen mündig waren). Es gehört auch gewissermaßen zum guten Ton, dass der Adel Klosterbrüdern reihenweise Dörfer verehrte, weil sie offenbar gut mit solchem Besitz umgehen konnten und außerdem wohltätig das Christentum ausdehnten.

Wenn das schriftlich fixiert wurde, konnte damit noch

viele hundert Jahre später die erste Erwähnung von Rebbau belegt werden. Dass in diesen Gegenden schon vorher Reben wuchsen, ist klar. Sonst wäre es nicht möglich gewesen, sie zu verschenken. Und der verbürgte Zeitpunkt machte Jahrhunderte danach manche Jubiläumsaktion möglich.

So konnte das Anbaugebiet Saale-Unstrut 1998 das Tausendjährige feiern. Geschickte Marketingleute hätten vielleicht zwölf Jahre vorher die 1200 Jahre Weinbau in Dorndorf an der Werra (Westthüringen) gewürdigt, denn hier ist der Rebstock seit 786 belegt. Oder man hätte bereits 1972 reagiert. Denn offenbar wurde einst festgehalten, dass Kaiser Otto II., der Vater von Otto III., Prinzessin Theophano aus Byzanz vor der im Jahr 972 erfolgten Hochzeit als Brautgeschenk Weinberge aus dem Raum Naumburg zusicherte. Ein Jahr später bestätigte der gleiche Kaiser urkundlich einen Tauschvertrag, in dem von Weinbergen im Mansfelder Gebiet die Rede ist. Aber in DDR-Zeiten hatte man für solche Jubiläen wohl keinen Sinn oder beachtete sie einfach nicht.

Doch zurück in die Geschichte. Springen wir nochmals in das Jahr 998, aus dem die Urkunde stammt (rechts), die im Hessischen Staatsarchiv Marburg aufbewahrt wird. Gefertigt wurde sie von einem italienischen Notar am 11. November 998 in Rom. Das Pergament ist nicht mehr vollständig erhalten, das Wort Wein wohl nur noch zu erahnen. Urkundenforscher nennen Wiesen, Weiden und Wälder. Aber bei solchen Schenkungen in früheren Zeiten durften Reben kaum fehlen, so dass es wohl schlüssig ist, dass damals auch Reben zum Präsent gehörten und es nicht seriös wäre, an der Geschichte des Anbaugebietes zu rütteln. In Erinnerung an das Jahr 998 durfte der Weinbau von Kloster Memleben 2012 sogar ein Comeback feiern. Die Stiftung legte auf 0,5 Hektar einen Weinberg mit Weißburgunder an, der in der Freyburger Winzervereinigung ausgebaut wird. Die Reben werden für die Museumspädagogik genutzt. Schulklassen, die in einem Tagesprogramm ins mittelalterliche Klosterleben eintauchen, erfahren auch etwas über den Weinbau und seine Geschichte.

Wie ging es weiter nach dem weinbaulichen Start vor über tausend Jahren? Es gibt einiges zu berichten von

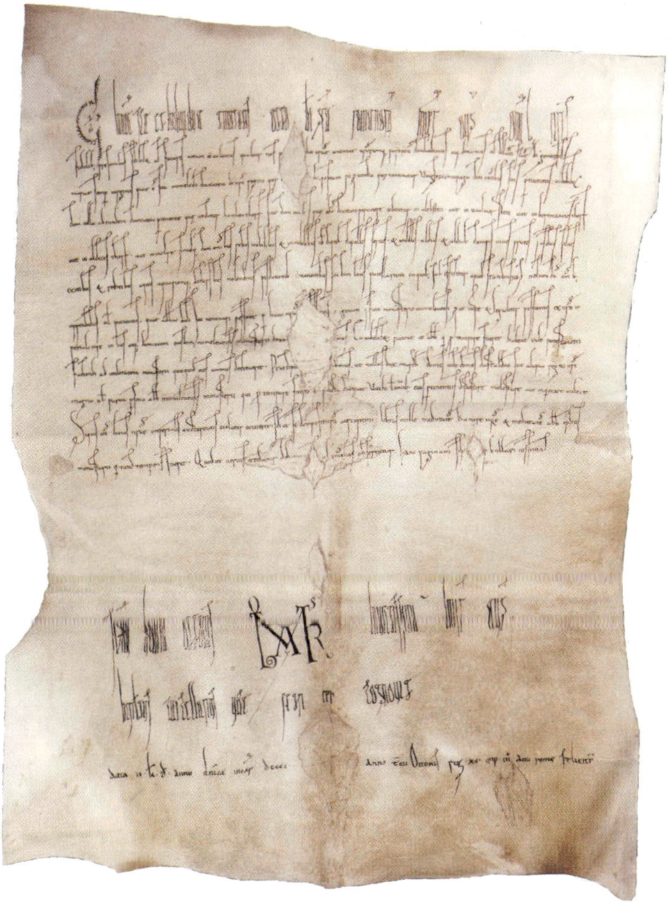

den Jahrhunderten nach der Jahrtausendwende. 1066 ist in Naumburger Aufzeichnungen von Weinpflanzungen die Rede. Ein paar Jahre später verehrte Friedrich II. Pfalzgraf von Sachsen (1056 bis 1088 in Amt und Würden) dem 1041 gegründeten Kloster Goseck einen Weinberg „nahe der Kirche". Die weitere Ausbreitung des Weinbaus wurde mit der Bildung diverser Zisterzienserklöster in Pforta (1154), Porstendorf und Zwätzen bei Jena (1182) sowie bei Flemmingen und Naumburg (1186) gefördert.

Eine wichtige Rolle spielten vor allem die Mönche des 1137 gegründeten Zisterzienser-Klosters Sancta Maria Schulpforta (links), die Weinbau weiterentwickelten, bis 1540 im Zuge der Reformation das Kloster aufgelöst und in einen Landesschule umgewandelt wurde. Es besaß seinerzeit über hundert Weinberge mit einem Durchschnittsertrag von 200 000 Liter Wein. Der damals mit Segen und Tatkraft der Mönche weit verbreitete Weinbau war kein Vorrecht der Klöster und des Adels, sondern eine wichtige Ernährungsgrundlage. Oberflächenwasser war in der Regel ungenießbar und ungesund, Brunnenwasser knapp und nicht haltbar. Das war schon der Grund, warum die Römer zu Beginn der neuen Zeitrechnung bei ihren Eroberungszügen nach Germanien den Rebstock im Marschgepäck hatten. Sie brauchten ein Getränk ohne Risikofaktoren.

Reben waren weit verbreitet. Allein bei Jena standen vermutlich 1300 Hektar unter Reben (unten auf einer historischen „Weinkarte“ von Jena; links zwei stilisierte Weinbauern von der Fassade des ehemaligen Weinhauses Göhre mit der berühmten Kalebstraube). Erfurt war eine blühende Weinhandelsstadt mit mehreren hundert Hektar Reben – teilweise wird sogar eine vierstellige Zahl genannt. Erst 2004 wurde mit der Neupflanzung von einigen hundert Rieslingstöcken unter Regie der Erfurter Weinzunft 2002 ein Neuanfang gemacht. (Auf der Folgeseite Jörn Goziewski mit einem Arm voll neuer Reben, die er jüngst auf Fluren der Klosterkammer Erfurt gesetzt hat, siehe auch Seite 213.) Doch zur einstigen Größenordnung ist ein weiter Weg. Um 1500 dürfte es im Gebiet annähernd 10000 Hektar Weinbau gegeben haben. Begünstigt wurde das durch eine kurfürstliche Anordnung aus dem Jahr 1500. Damals wurde eine Einfuhr von ausländischen Weinen außer Malvasier und Rheinwein verboten. In jener Zeit dürfte sich die Rebfläche in allen deutschen Landen auf etwa 300000 Hektar belaufen haben.

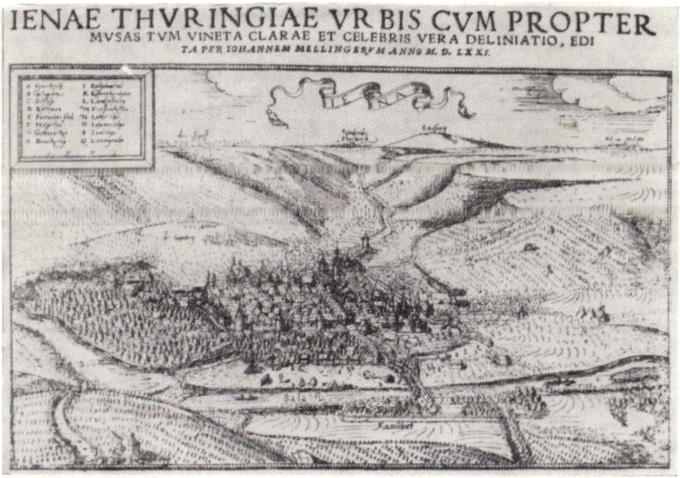

Dass die Winzer jener Zeit nicht einfach nach Bauchgefühl arbeiten sollten, ist manchen Annalen zu entnehmen. So ordnete wenige Tage vor Weihnachten 1500 der Kurfürst von Sachsen als Landesherr in einer kurfürstlichen Weinbergordnung an, wie die Weinberge zu pflegen und zu bearbeiten sind. Die Weinbauern mussten damals zwölf und mehr Stunden am Tag schuften, bei geringem Lohn, um ihren Herren möglichst viel Ertrag zu verschaffen. Wohlhabende Bürger konnten sich Weinbergarbeiter gewissermaßen als Leibeigene halten.

Es folgten unruhige Zeiten nicht nur für den Weinbau mit dem Dreißigjährigen Krieg (1618-1648) und der Klimaveränderung im späten 17. und frühen 18. Jahrhundert. „Schlecht", „gering", „mittelmäßig" stand oft in den Jahrgangsbeurteilungen. 1709 gab es überhaupt keine Ernte. Die wenigen guten und sehr guten Jahrgänge, die es doch noch in Abständen gab, waren nur ein Trostpflaster. Außerdem erwuchs neue Konkurrenz mit Kaffee, Tee und Kakao sowie Bier. Gute und preiswertere Weine konnten durch eine Verbesserung der Handelswege aus anderen Regionen eingeführt werden. Trotz allem begann sich der Weinbau allmählich wieder positiv zu entwickeln. Für Naumburg galt: ein richtiger Bürger der Stadt musste einen Weinberg sein eigen nennen.

Eine Folge dessen war 1835 die Gründung der Weinbaugesellschaft Naumburg am 30. Mai 1835. Die Mitglieder waren nicht Winzer im klassischen Sinn, sondern Bürger, die sich im Kleinen dem Weinbau verschrieben hatten und ihn nach vorn bringen wollten, durch viele Vorträge, Erläuterung von Fachfragen, Prämierungen und Weinproben. Den Verein gibt es heute – nach Unterbrechung

durch den Ersten Weltkrieg mit nachfolgender Ruhephase und schließlich der Auflösung 1934 durch Anordnung im Dritten Reich – längst wieder; durch das Bleiglasfenster aus dem Jahr 2008 schaut man oben auf den den Weinberg der Naumburger Weinbaugesellschaft 1835 e.V.

Im 19. Jahrhundert waren die Zeiten sehr unruhig. Keiner ahnte damals an Saale und Unstrut, daß „Das Kommunistische Manifest“, das 1848 von Karl Marx in Zusammenarbeit mit Friedrich Engels erschien, gute hundert Jahre später mit seinem Konzept einer klassenlosen Gesellschaft, in der es kein arm und reich geben sollte, Auswirkungen auf das Leben an Saale und Unstrut haben sollte. Damals gab es viele handwerkliche Betriebe, die in Folge der zunehmenden Industrialisierung zur Aufgabe gezwungen wurden. Der Weinbau ging einigermaßen unbeschadet aus den vielen Problemen jener Zeit hervor, musste aber mit den deutlichen Schwankungen in der Qualität leben. Es gab einige exzellente Jahrgänge wie 1802, 1825, 1827, 1834 und vor allem 1811 (von dem schwärmte sogar Goethe), aber die waren die Ausnahmen.

Welchen eher zweifelhaften Ruf der Wein von Saale-Unstrut noch in der zweiten Hälfte des 19. Jahrhunderts genoss, ist einem Gedicht über die Weine des Jahrgangs 1888 zu entnehmen. In dem Werk von Johannes Trojan wird über den Wein von Naumburg gelästert, er sei „noch viele Male saurer als der sauerste Moselwein. Wenn du ihn schlürfst in dich hinein, ist dir's, als ob ein Stachelschwein dir kröche durch deine Kehle, das deinen Magen als Höhle erkor, darin zu hausen. Angst ergreift dich und Grausen.“

Damals begann freilich bereits ein Unheil, das die folgenden Jahre prägen sollte und irgendwie erinnert an die Pandemie, die ab Januar 2020 um sich griff, hier aber den Menschen attackierte und oft ums Leben brachte.

Zunächst schlug nochmal die Natur hart zu. 1875 gab es arge Frostschäden, die Ernten 1877 bis 1879 fanden praktisch nicht statt. Doch dann übernahm die Reblaus, die sich schon vorher in anderen Regionen unangenehm bemerkbar gemacht hatte, ab 1886/87 das Kommando an Saale-Unstrut und sorgte dafür, dass der Weinbau zum Erliegen kam – wie auch in den anderen Gebieten im gesamten Europa.

Die Verwandte der Blattlaus kam als blinder Passagier mit Rebstöcken aus Nordamerika nach Europa. Hier wollten Experten eigentlich nur überprüfen, ob die amerikanischen Gattungen tauglich für den Weinbau in Europa waren und dabei noch gute Eigenschaften bei der Resistenz mitbrachten, etwa gegen Mehltau (1850 erstmals registriert). Ende der 1850er Jahre wurde die Wurzellaus erstmals registriert und anfangs auch – wie das Corona-Virus – nicht sonderlich ernst genommen. 20 Jahre später hatte sie für das Absterben der Reben in Frankreich auf 2,5 Millionen Hektar gesorgt. Die ostdeutschen Weinregionen blieben ein Weilchen verschont. Aber als 1885 die ersten Probleme in Loschwitz bei Dresden auftraten, gab es auch hier einen „lausigen Flächenbrand".

Dagegen wurde mit verschiedenen Methoden angekämpft: Man setzte Felder unter Wasser, spritzte alle möglichen Mittel in die Reben und pumpte sogar Petroleum in die Erde – ohne Erfolg. Allein in Freyburg musste knapp die Hälfte der Fläche gerodet werden; Weinbau war über einen längeren Zeitraum unmöglich gemacht. Nicht immer waren die Flächen verseucht. Die Obrigkeit belohnte das Aushacken von befallenen Anlagen mit einer Mark pro Stock – eine Rechnung, die für manchen Kleinwinzer zu verlockend war. Es gab zudem einen schwunghaften Handel mit Papieren, mit denen die Verseuchung von Flächen bescheinigt wurde, obwohl das nicht der Fall war.

Die Reblaus brachte den Weinbau weitgehend zum Erliegen; die Region Saale-Unstrut wurde zum Reblaus-Seuchengebiet erklärt. Der Falsche Mehltau (Peronospora) war ein zusätzliches Hindernis. 1919 standen im Gebiet lediglich noch weniger als 100 Hektar unter Reben; der Erste Weltkrieg tat ein Übriges, um vielen Familien den Weinbau zu verleiden.

Ein zugereister Biologe, gebürtig in Bremen, hatte einen entscheidenden Anteil am Umschwung. Dr. Carl Julius Börner (1880-1953, links) beschäftigte sich in Vorkriegszeiten im Elsaß mit der Biologie und Bekämpfung der Reblaus, musste aber seine Arbeit während des Weltkriegs einstellen. Nach dem Völkerringen wurde eine neue Stätte für die Reblausforschung gesucht. Naumburg bot sich hier durch die starke Verseuchung an. Börner wechselte seinen Standort und legte den Grundstein für eine später weit bekannte Forschungsanstalt. Er züchtete reblausresistente Unterlagen, auf die sich klassische europäische Sorten aufpfropfen ließen – der Reblaus verging damit der Appetit auf die Wurzeln.

Börner begnügte sich nicht mit dem ersten Erfolg. Er kämpfte um die Einführung des Pfropfrebenanbaus in Deutschland und hatte 1923 damit Erfolg. Er wirkte an Reblausgesetzen mit und gab Anregungen für die Kontrolle verseuchter Gebiete. Heute gehört das Heranziehen von Propfreben zum Weinbau-Alltag und es gibt kaum mehr Weinfluren, in denen noch wurzelechte, uralte Reben stehen. Börner war nicht der Einzige, der in diesen kritischen Zeiten auf diesem Feld tätig war. Aber sein Wirken war auf jeden Fall ein Segen für den Weinbau an Saale und Unstrut.

Nach Ende der Reblauskrise konnte es langsam wieder aufwärts gehen. An verschiedenen Orten kam es zur Gründung von Weinbauvereinen, die zusammen einen Weinbauverband ins Leben riefen. Es wurden Musterweinberge in Lagen wie Freyburger Schweigenberg, Gosecker Dechantenberg und Saalhäusern angelegt. 1934 wurde nach dem Vorbild anderer Gebiete eine Genossenschaft in Freyburg gegründet (links das Statut, mit Dank an die Winzervereinigung Freyburg, der wir auch das Bild unten verdanken), mit zunächst 27 Mitgliedern. Sie wurden verpflichtet, ihre gesamte Ernte abzuliefern. Vorher waren kleine Winzer oft Handelsbetrieben ausgeliefert, die Preise zum Nachteil der Winzer festlegten. Durch die genossenschaftliche Verwertung konnten die Einnahmen für die Mitglieder verdoppelt werden. 1939 hatte die Rebfläche wieder 200 Hektar erreicht (unten: Aufrebung um 1940) – aber dann begann der Zweite Weltkrieg. Freizeitwinzer hielten nach 1945 den Weinbau noch am Leben.

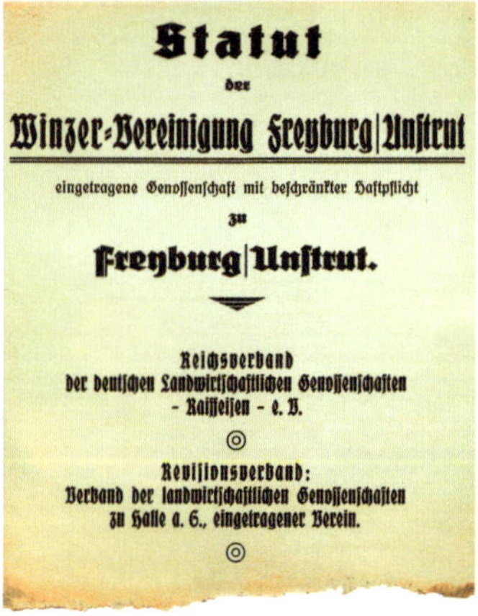
Statut
der
Winzer-Vereinigung Freyburg|Unstrut
eingetragene Genossenschaft mit beschränkter Haftpflicht
zu
Freyburg|Unstrut.

Reichsverband
der deutschen Landwirtschaftlichen Genossenschaften
- Raiffeisen - e. V.

Revisionsverband:
Verband der landwirtschaftlichen Genossenschaften
zu Halle a. S., eingetragener Verein.

Die Genossenschaft war schon damals ein wichtiger Eckpfeiler des Gebietes, wie die Zahl von 320 Mitgliedern im Jahr 1948 deutlich machte. 1951 wurde ein neues Statut verabschiedet. Durch die Vereinigung der gegenseitigen Bauernhilfe machte, so die Chronik zum 50-Jährigen, „die alte kapitalistische Struktur einer neuen Ordnung Platz."

Im Jahr darauf wurde ein, wenn man so will, Mitbewerber ins Leben gerufen, das Volkseigene Weingut Naumburg in Bad Kösen (unten deren Portugieser von 1981) mit einer Rebfläche von zunächst 25 Hektar, vorwiegend in steilen Lagen, die mit hohem maschinellen Aufwand bewirtschaftet wurden. Damit hatte auch der private Weinbau, den es noch gab, ein Ende. Die Flächen wurden enteignet und in das Volkseigene Gut integriert.

Gutes Wachstum war in der DDR für beide Betriebe trotz der Schwierigkeiten (Rationierung von Lebensmitteln bis 1958 und die häufige Republikflucht) angesagt und wurde auch von oben herab gefordert. Nach einem Ministerratsbeschluss von 1963 wurden neue Flächen ausgewiesen, um der steigenden Nachfrage gerecht zu werden (der Pro-Kopf-Verbrauch stieg langsam von 1,5 Liter wieder an). Leicht war das für die beiden Betriebe nicht, weil die üblichen Versorgungsprobleme der DDR nicht vor dem Weinbau Halt machten. Mal fehlte es am Draht und an Pfählen, um die Weinberge in Form zu halten, dann an Baumaterial, um Keller zu erweitern. Das betraf vor allem die Genossenschaft, die nach Weisung aus Berlin in den siebziger Jahren große Mengen Importwein aus Spanien, Italien, Bulgarien, Rumänien und Algerien verarbeiten musste. Bei den dafür nötigen Tanks und Leitungen wurde

geschickt improvisiert und Material verwendet, das nicht unbedingt handelsüblich war.

Mit den Weinen aus dem Ausland konnte man auch dem Geschmack der Bevölkerung entsprechen. Ganz wie im Westen war lieblich mehr gefragt als trocken. Bei den raren Weinen von Saale und Unstrut blieben beide Betriebe konsequent bei der herben Geschmacksrichtung und dem sortenreinen Ausbau; Cuvéetierung war die Ausnahme.

1984 hatte die Genossenschaft 227 Hektar Rebfläche, die von 482 Mitgliedern bewirtschaftet wurden, teilweise verteilt auf sog. Landwirtschaftliche Produktionsgenossenschaften (LPG). Stolz war man seinerzeit auf den großen Holzfasskeller mit mehr als 200 Gebinden im Format von 2500 bis 4000 Liter Fassungsvermögen, in denen ausschließlich Weine von Saale-Unstrut ausgebaut wurden. In die Stahltanks kamen dagegen Zukäufe aus sozialistischen Bruderländern, die in der DDR als Marke wie „Winzerstolz" verkauft wurden. Der Verkauf von Weinen aus dem Gebiet an Privatleute war dagegen verboten, die Weine wurden zugeteilt an wichtige Parteigenossen und natürlich an die Hotels und Gaststätten, in denen seinerzeit Gäste aus westlichen Ländern verkehrten. So waren die Häuser der Kette „International" wichtige Abnehmer mit ihren Restaurants. Hier handelte es sich meist um sog. Standardweine mit Bezeichnungen wie Freyburger Schlosskeller, Freyburger Winzerkeller und Neuenburger Kastellan, die mit etwas Restsüße gefüllt wurden. Die gesamte Verteilung war gelenkt vom Staatlichen Getränkekontor, das dem Ministerium für bezirksgeleitete Industrie und Lebensmittelindustrie unterstand.

Export war nie ein Thema, obwohl das die für die DDR immer notwendigen Devisen gebracht hätte. Anfragen aus der Bundesrepublik gab es gelegentlich, denn Weine mit einem solchen „Exoten-Status" wären im Westen vermutlich gut zu vermarkten gewesen. Das Volkseigene Gut in Naumburg hätte einmal die gesamte Weinernte verkaufen können. Aber es gab dafür keine Fürsprecher und somit auch keine Genehmigung. Lediglich der „Bremer Ratskeller" bekam mal durch seinen Sonderstatus (ausschließlich deutschen Wein im Sortiment, zudem eine Reihe von Altweinen) den Freibrief für den Import von einigen hundert Flaschen von Ost nach West.

Dagegen war es durchaus möglich, Wein von der Pfalz, Rheinhessen oder der Mosel in die DDR zu verkaufen. Geordert wurden überwiegend einfache Weine aus Großlagen wie Niersteiner Gutes Domtal oder Ürziger Schwarzlay, die für wenig Geld die Himmelsrichtung wechselten und dann im Osten relativ teuer verkauft wurden.

Für das angestrebte Wachstum, um die regelmäßigen Engpässe in der Eigenproduktion zu überwinden, fehlten damals Reben. Zwar wurden in die DDR reichlich Pflanzen aus der BRD importiert (was wenig bekannt war), aber in Freyburg wollte man doch auf eigenen Füßen stehen. Denn es war klar, dass viele der bestehenden Anlagen überaltert waren und hier ebenfalls Pflanzmaterial gebraucht wurde. So wurde ein Rebenaufzucht-Zentrum eingerichtet. Zielsetzung war es, bis 1990 zusätzliche 230 Hektar vorzuweisen und die Altanlagen aufgefrischt zu haben.

Auch das VEG Naumburg, gestartet mit lediglich 71 000 Liter Lagerkapazität, verzeichnete ein stattliches Wachstum. Wenn es der gesamten DDR so gegangen wäre, hätte sie die BRD schnell wirtschaftlich überflügelt. Anfang der achtziger Jahre hatte man rund 120 Hektar unter Reben. Die Holzfasskapazität umfasste stattliche 100 000 Liter. Der damalige Betriebsleiter Udo Lützkendorf, aus dem einige Jahr später ein tatkräftiger Privatwinzer werden sollte, war ein Qualitätsfanatiker, eine geborene Führungskraft und vermutlich einer der wenigen Marktwirtschaftler in der Deutschen Demokratischen Republik. Er experimentierte gern im Weinberg und Keller, strebte hohe Mostgewichte an, dirigierte eine eigene Rebschule, hatte für seine Mitarbeiter eine medizinische Abteilung mit Sauna geschaffen und spendierte jeden Monat pro Nase zehn Liter Haustrunk. Damit Junganlagen in den ersten drei Jahren, bis sie erstmals Trauben trugen, nicht nutzlos waren, baute er zwischen den Reben Erdbeeren an, aus denen Erdbeer-Cocktail wurde, der sich gut verkaufte. Die Spirituosen-Industrie bekam jährlich 10000 Liter Hefedestillat, außerdem wurden Rotweinpunsch und Cocktails auf Weinbasis produziert.

Der Haustrunk war auch deshalb beliebt, weil so etwas eine dritte Währung nach Ost-Mark und D-Mark darstellte. Eine Flasche Original-Wein DDR konnte einen Handwerker dazu bringen, notwendige Arbeiten zu erledigen. Oder man kam damit an rare Waren oder Lebensmittel und Dünger für den Weinberg. Als Mitglied der Genossenschaft gab es außerdem die Möglichkeit, einige Flaschen Wein für wenig Geld zu kaufen – und schon konnte man damit ins Tauschgeschäft einsteigen.

Das genossenschaftliche System wurde vom Staat als ideal hingestellt. In einem Weinbuch aus den achtziger Jahren ist festgehalten, dass Kleinbetriebe in kapitalistischen Ländern in einem schweren Existenzkampf stehen und sie das Wolfsgesetz des Kapitalismus in den Ruin treibt. In der Deutschen Demokratischen Republik seien dagegen Weinhandel und -Produktion in die Hände des Volkes überführt. Sie würden der staatlichen Lenkung unterliegen und könnten nicht für das Profitinteresse Einzelner missbraucht werden. Ein bisschen Kapitalismus war freilich doch dabei, denn die Kleinwinzer bekamen für ihre Trauben durchaus gutes Geld. Wer zum Beispiel einen halben Hektar gut bewirtschaftete, konnte auf einen Verdienst von 15 000 bis 20 000 Ost-Mark kommen, mehr als das Durchschnittseinkommen eines DDR-Bürgers.

Es herrschte also überwiegend gute Stimmung in der Weinszene an Saale und Unstrut. Bei einem Besuch in 1984 berichtete VEG Naumburg-Chef Udo Lützkendorf von großen Plänen für die Zukunft. Bis 1990 sollte die Rebfläche um 50 Hektar erweitert werden. „Genosse" Udo, selbstverständlich Träger eines DDR-Verdienstordens, aber in seiner Denkweise nicht unbedingt systemtreu, hatte damals schon ein Areal im Visier, auf dem Hopfen angebaut wurde.

Doch es sollte alles ganz anders kommen. Zunächst wurde das Gebiet im Januar 1987 durch extremen Frost geschädigt. Damals wurden in Bodennähe bis zu minus 30 Grad registriert, denen mehr als zwei Millionen Rebstöcke zum Opfer fielen. Die Ernte des 1987er war gering, nicht mal zehn Prozent eines Normalertrages konnten eingebracht werden. Neue Pflanzen mussten her. Die dafür nötigen Devisen (eine Millionen D-Mark) beschaffte ein Mitglied des Zentralkomitees der SED, der renommierte Kunstmaler Willi Sitte (1921-2013; unten seine Gouache „Junge mit Märchenbuch" von 1959 – ist die seltsame Kasperfigur Mitte oben etwa eine Weinflasche?). Der große Weinfreund, der sich mit Wein auch künstlerisch befasste und unter Nummer 999 als Genossenschaftsmitglied in Freyburg registriert war, wurde später von der Winzervereinigung gewürdigt mit einigen Editionen, die seinen Namen trugen.

Was er 1987 nicht ahnte, war, dass er einen wichtigen Beitrag für den Fortbestand des Weinbaus an Saale und Unstrut nach der Wende leistete. Bei

Neuanlagen dauert es normal drei Jahre, bis reichlich Trauben an den Stöcken hängen. Es hat irgendwie Symbolcharakter, dass die Trauben des Jahrgangs 1990 schon unter anderen Rahmenbedingungen als 1987 heranwuchsen ...

Doch wie es mit dem Weinbau weitergehen sollte, war gleich nach der Grenzöffnung unklar. Eines wurde schnell deutlich: Zunächst einmal war Wein aus dem Westen begehrt. Etliche Kellereien, nicht unbedingt die qualitativ Besten, fuhren mit vollbeladenen Lkws gen Ost und verkauften vom Wagen herab. Ein Betrieb zog unbedarfte Bürger der DDR regelrecht über den Tisch und offerierte Verträge zum Weiterverkauf von Wein an Freunde und Bekannte. Den Wein ließ man sich in Form von Krediten bezahlen, die frisch aufgebaute Kundenkartei konnte nach einigen Monaten einkassiert werden, weil die Verträge so etwas zuließen.

Natürlich fanden sich auch seriöse Berater aus dem Westen ein, die helfen wollten und nach Lösungen für die schwierige wirtschaftliche Situation suchten. Schon 1990 wurde ein Weinbauverband gegründet; die Aufnahme in den Deutschen Weinbauverband folgte im Jahr darauf. Erster Vorsitzender war Stephan Seeliger, der zunächst als Weinberater aktiv war, später selbst Winzer wurde und zwischendrin auch mal den Chefsessel im Naumburger Weingut drückte, dort aber nicht recht glücklich wurde (ihm sollten in den nächsten Jahren eine Reihe von Betriebsleitern folgen, Kontinuität war wenig angesagt). Es wurde bereits über die Gründung einer Weinstraße diskutiert, um dem erhofften Tourismus Schubkraft zu geben. Die einstigen Landwirtschaftlichen Produktionsgesellschaften (LPG) hatten sich als Agrargenossenschaften unter dem Dach der Freyburger Genossenschaft neu organisiert. Die Kooperative wurde bald nach der Wende von einem Profi aus dem Westen geleitet, der aber in Freyburg nicht glücklich wurde und 1993 wieder ausschied (was wie in Bad Kösen in den Jahren darauf zu mehrfachen Wechseln in der Führungsetage führte). Sogar eine Fusion mit dem Landesgut wurde erwogen, aber dann wieder ad acta gelegt. – Die links zu sehende Verkaufsstelle des vormaligen Volkseigenen Weingutes Bad Kösen hatte ihren Namen einem Magazin-Titel entlehnt ...

Die Saat der Selbstständigkeit sollte bald aufgehen. Vorreiter waren Klaus Remo Deckert (unten, 1991) in Freyburg und Günter Born in Höhnstedt. Ebenfalls zu den privaten Pionieren gehörte der langjährige Chef in Bad Kösen, Udo Lützkendorf, der mit seinem Sohn Uwe und zwei einst enteigneten Hektar ein Weingut gründete und sich zugleich als Funktionär an verschiedenen Fronten verdient

machte, u.a. als stellvertretender Vorsitzender des Weinbauverbandes. Er hatte zunächst versucht, das vormalige Volkseigene Weingut fit für die Zukunft zu machen, stieß aber mit seinen Vorstellungen nicht auf Gegenliebe beim Ministerium für Landwirtschaft und Forsten des Landes Sachsen-Anhalt. Das wollte das Weingut völlig neu strukturieren und die Fläche deutlich verkleinern, obwohl ein Gutachten aus dem Westen vorlag, nachdem der Betrieb mit zwei bis drei Millionen Mark Investitionen in wenigen Jahren schwarze Zahlen schreiben würde. Doch das Ministerium sah das anders und vertraute darauf, dass selbstständiger Weinbau ein Ersatz sein würde. Die durch die Betriebsschrumpfung verbundene notwendige Entlassung von Mitarbeitern wollte Lützkendorf nicht mit tragen. Also wurde er im Frühjahr 1992 als 55-Jähriger in den vorzeitigen Ruhestand geschickt – was ihm die Gelegenheit gab, mit dem Familienbetrieb durchzustarten.

Das Vorpreschen einiger Weinbauern in die Selbstständigkeit machte anderen Mut. Dass der Deutsche Weinbauverband im Lauf der Zeit zusätzliche Pflanzrechte für das Anbaugebiet bei der EU-Verwaltung erstritt, erweiterte die Möglichkeiten. Viele Fördermittel flossen ins Gebiet und trugen unter anderem dazu bei, dass historische Terrassenanlagen wieder aufgefrischt wurden und in die Kellerausstattung investiert werden konnte – das war sinnvoller „Aufbau Ost".

Zu den wichtigen eigenständigen Maßnahmen gehörte die erste Durchführung einer Jungweinprobe im Jahr 1991 mit den damals vier Betrieben von Saale-Unstrut und aus Sachsen. Organisator war Udo Lützkendorf, der gern den Rat des Autors für eine gemeinsame Präsentation annahm. Sie fand symbolträchtig in der Gaststätte „Schöne Aussicht" in Bad Kösen statt und war gut besucht. 1992 waren bereits einige Privatwinzer dabei und nahm Michael Prinz zu Salm-Salm, Präsident des Verbandes deutscher Prädikatsweingüter (VDP) die Eröffnung vor. Die Jungweinverkostung ist längst Tradition, jedes Jahr mit einem Gebietswechsel und mit oft 200 und mehr Weinanstellungen. 2020 musste sie erstmals durch die Pandemie ausfallen.

Weitere Meilensteine waren die Gründung der Weinstraße Saale-Unstrut (1993, rechts) und im gleichen Jahr der Erfolg von Sandra Hake bei der Wahl zur Deutschen Weinkönigin (Jahre später war sie Mitbegründerin des Weingutes Frölich-Hake in Naumburg), die Einführung einer Landesweinprämierung (1995), die Etablierung einer Gebietsweinwerbung (1996), die die Region überregional bekannt machen sollte. 1996 wurde mit dem Weingut Lützkendorf der erste Betrieb von Saale-Unstrut in den Nobelverband VDP aufgenommen.

Dann 1998. Das Jubiläum „1000 Jahre Weinbau" musste natürlich ausgiebig gefeiert werden. Sogar die Deutsche Weinkönigin wurde damals nicht in Neustadt/Weinstraße, sondern in Freyburg gekürt. Zum Jubiläumsprogramm gehörte auch die Jungweinprobe, bei der 28 Betriebe ihre Weine vorstellten. Einer der Höhepunkte war eine große Gala mit Weinauktion, bei der Archivweine der Winzervereinigung Freyburg und des Landesweingutes aus den siebziger, achtziger und frühen neunziger Jahren unter den Hammer kamen. Die neuen, noch jungen Weingüter steuerten ebenfalls reifere Spezialitäten aus den neunziger Jahren bei. Höhepunkte unter den Senioren waren ein Portugieser und ein Sauvignon Blanc aus 1975 aus dem Keller der Winzervereinigung, die sich in einer Vorprobe noch erstaunlich frisch präsentierten und Zeugnis davon abgaben, dass Weine von Saale und Unstrut eine gute Stabilität haben können und Kellermeister in Zeiten der DDR schon Ahnung hatten, wie guter Wein auch unter schwierigen Rahmenbedingungen erzeugt werden kann.

Seitdem sind gut 20 Jahre vergangen, aber die Entwicklung an Saale und Unstrut blieb positiv. Die Zahl der Weingüter wuchs, es gibt daneben viele kleine Betriebe,

die Weinbau mit Begeisterung als Hobby betreiben und ihre Fans gefunden haben. Erfreulich ist, dass alle, die Wein erzeugen, Wert auf Qualität legen und gewillt sind, sich von Jahr zu Jahr zu steigern.

Eine spezielle Geographie

und die wässrigen Namensgeber

Eine Region in Mitteldeutschland, die sich entlang der Flüsse Saale und Unstrut erstreckt und in der sich das nördlichste Qualitätsweinbaugebiet Deutschlands befindet", so vermeldet Wikipedia über das Weinanbaugebiet Saale-Unstrut. Auf spezielle Besonderheiten wird nicht eingegangen, etwa dass gleich drei Bundesländer beteiligt sind, nämlich Sachsen-Anhalt, Thüringen – und Brandenburg. Dass Weingeographie manchmal merkwürdige Kapriolen schlagen kann, ist ein Stück weiter südlich zu bestaunen. Im Taubertal, das sich rund 100 km lang von Rothenburg ob der Tauber bis nach Wertheim erstreckt, sind Zipfel von drei Anbaugebieten vertreten: Franken, Baden und Württemberg.

Im Fall Saale-Unstrut (unten die „Gabelung" der Flüsse von der dortigen Fähre aus gesehen; Seite 35 noch einmal von oben) darf man sich wundern, warum Brandenburg

ein Teil des Anbaugebietes ist, und hier wiederum nur mit einem Bruchteil des Brandenburgischen Weinbaus, nämlich Werder (Havel). Zwar ist das Land Brandenburg, das Berlin umschließt und als wichtige Zentren Cottbus, Frankfurt/Oder und Potsdam hat, Nachbar von Sachsen-Anhalt. Aber der Weinbau an der Havel ist zum Beispiel von Naumburg fast 200 km entfernt. Doch die sächsischen Regionen sind ähnlich weit weg, jedoch nicht für alle Orte im einst ausgestorbenen, aber jetzt wieder aufstrebenden Brandenburger Weinbau. Diese liegen im Süden von Berlin und könnten Sachsen zugeschlagen werden. Doch vorläufig verzichtet man im Lande Brandenburg auf diese Partnerschaft und damit auch auf die Anerkennung als Qualitätsweingebiet. Ohnehin ist der Weinbau bislang vorwiegend eher ein reizvolles Hobby. Weinrechtlich ist die Anbaufläche auf insgesamt 30 Hektar begrenzt.

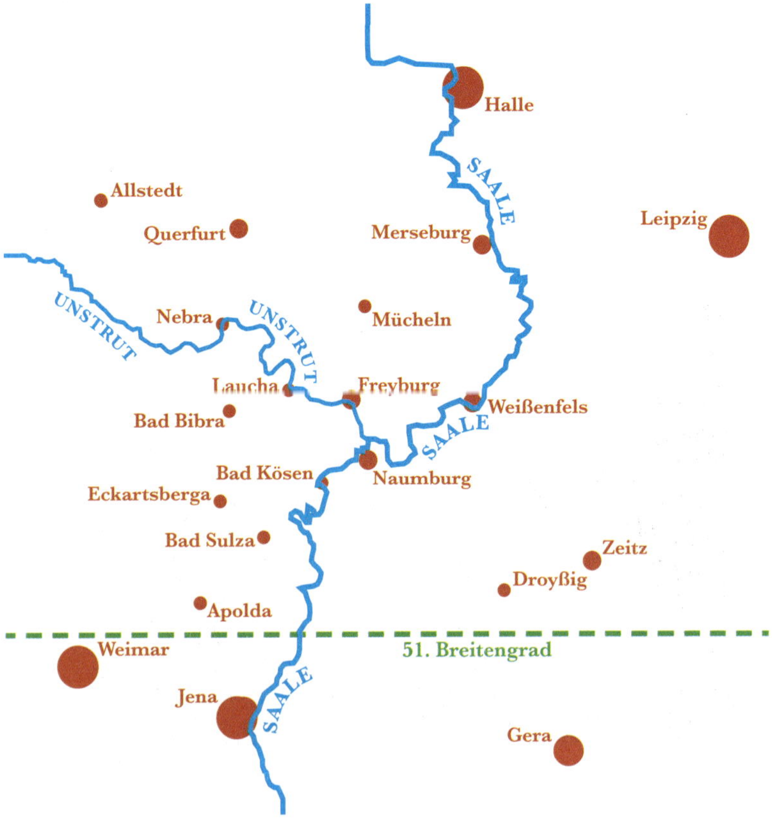

Initiativen wie beim Cottbuser Weingut Wolkenberg sind die Ausnahme. Hier in der Niederlausitz wurde in einer Tagebau-Folgelandschaft ein 6 Hektar großer Weinberg angelegt, bei dem sogar der Energiekonzern Vattenfall seine Finger im Spiel hatte und die Hochschule Geisenheim fachliche Kompetenz einbrachte. Ausgebaut werden die Weine von einem Profi, Martin Schwarz aus Meißen.

Warum Werder zu Saale-Unstrut kam, ist einfach erklärt. Noch vor der politischen Wende in den achtziger Jahren wurden hier von einer Gärtnerischen Produktionsgenossenschaft (GPG) wieder Reben gepflanzt, um den brachliegenden Wachtelberg nutzbar zu machen. Die Ergebnisse wurden teilweise in der Genossenschaft in Meißen und im Volkseigenen Weingut Bad Kösen zu Wein. Nach der Wiedervereinigung ging es etwas drunter

und drüber. Aber zumindest wurde auf politischer Ebene bereits 1991 beschlossen: wird dem Anbaugebiet Saale-Unstrut zugeschlagen. Und so gehört auch das

führende Weingut der kleinen Region, Weinbau Dr. Lindicke (s. Seite 201), zu diesem Anbaugebiet und kann deshalb Qualitätswein statt Landwein vermarkten.

Dass zwei Flüsse (unten die Unstrut mit Paddel-Vergnügen; rechts die Saale kurz hinter Großjena) Namensgeber für das Weinbaugebiet sind, ist kein Zufall. Denn viele der heute renommierten Regionen im In- und Ausland wurden von langer, langer Zeit in der Nachbarschaft von Flüssen angelegt. Schlaue Leute erkannten damals die doppelte Bedeutung des Wassers. Es war Transportmittel, einst wurde Wein meist in Amphoren auf dem Schiff zu seinen Abnehmern befördert. Außerdem war die klimaregulierende Wirkung kein Geheimnis. Durch Hanglagen gab es eine günstige Sonneneinstrahlung, was die Reife der Trauben begünstigte. Und zugleich wurde dadurch die Gefahr von Frösten verringert. Heute sind teilweise

Flüsse auch wichtig für die künstliche Bewässerung von Weinbergen.

Nicht immer ist es sinnvoll, Reben in unmittelbarer Nähe des Wassers zu pflanzen, vor allem, wenn es sich um Flüsse handelt, die eine Neigung zur Überschwemmung haben. Da kann es schon mal passieren, zum Beispiel an der Mosel, dass Rebanlagen plötzlich ausschauen wie Reisterrassen … Als die Saale 2013 über die Ufer stieg, wurden Anlagen und Gebäude des Landesweingutes Bad Kösen durch das verheerende Hochwasser schwer beschädigt. Dem wird bei einem Neubau durch eine Verlagerung Rechnung getragen. Noch radikaler präsentierte sich die Elbe nach ausgiebigen Regenfällen beim Jahrhundert-Hochwasser im August 2002 und dann erneut im Juni 2013. Dabei wurden auch Keller von Weingütern in der Nachbarschaft des Flusses vollgespült.

Einige deutsche Weinbaugebiete tragen Weinnamen: Mosel (die Saar und Ruwer wurden dem Bezeichnungsrecht geopfert), Ahr und Nahe, diese nach den beiden Nebenflüssen des Rheins. Der Rhein wird vom Mittelrhein

repräsentiert und steckt in den Gebietsnamen Rheinhessen und Rheingau. Die Franken nennen sich auch häufig Main-Franken. Die Sachsen greifen gern zum touristisch wirkungsvollen Begriff Elbtal. Nur der immerhin 362 km lange Neckar ist nicht zum direkten Namensgeber eines Weins geworden, prägt aber zumindest einen wichtigen Teil der württembergischen Weinlandschaft. Es mag ein Trost für manch schwäbischen „Wengerter" sein, dass ein kleiner Fluss, die 78 km lange Rems, immerhin einer seit Jahren aufstrebenden Weinregion den Namen gab, dem Remstal.

Dass gleich zwei Flüsse einem Anbaugebiet den Namen gaben, hat sich bei Saale-Unstrut fast automatisch schon lange vor der offiziellen Taufe der dortigen Weine ergeben. Das zweite ostdeutsche Anbaugebiet hieß früher „Elbe". Dass daraus Sachsen wurde, ist logisch, hatte es doch dieses traditionsreiche einstige Königreich lange Zeit offiziell nicht mehr geben dürfen, es wurde im Rahmen der 1952 erfolgten DDR-Verwaltungsreform praktisch ausradiert. 1990 erfolgte die Wiedergründung, die auch die Bezeichnung der dortigen Weine einschloss.

Doch zurück an Saale und Unstrut, und ihre vielen Brückenschläge, von denen hier einge imposante zu sehen sind: Der bedeutendere Fluss ist zweifellos die Saale, die im oberfränkischen Fichtelgebirge entspringt, durch das Bayerische Vogtland, die Stadt Hof, den Frankenwald und den Naturpark Thüringer Schiefergebirge fließt, bei Saalburg und bei Ziegenrück gestaut wird und bei Katschen in den Burgenlandkreis eintritt. Damit ist sie in Sachsen-Anhalt angelangt und passiert hier als alter Bekannter unter anderen die Städte Bad Kösen, Naumburg, Weißenfels, Merseburg und Halle. Schließlich mündet sie, nach etwas mehr als 400 km, bei Barby in die Elbe, deren zweitlängster Nebenfluß sie (nach der Moldau) ist.

Goethe hat irgendwo an der Saale mal den Wein der Gegend verkostet und „etwas Schärfe" bemängelt, so dass er wieder Abstand von Saale-Gewächsen nahm, obwohl er mit einem verbürten Konsum von zwei Liter Wein am Tag alles andere als ein Kostverächter war; doch es gab für ihn genügend Alternativen. In DDR-Zeiten haben einige Bürger die Saale als Weg in den Westen genutzt und die Flucht gewagt, obwohl – oder weil – der Fluss damals als Kloake galt, in dem viel aus der chemischen Industrie entsorgt wurde. Heute jedoch säumt nach aufwändigen und liebevoll betriebenen Maßnahmen viel Natur inklusive Weinbergen die Saale.

Die kleinere Unstrut soll aber nicht vergessen werden. Sie ist ein etwa 190 km langer Nebenfluss der Saale, der in Nordthüringen im südlichen Eichsfeld entspringt. Im weiteren durchfließt sie in zahlreichen Schleifen den Burgenlandkreis im südlichen Sachsen-Anhalt. Am Großjenaer Blütengrund, einer bekannten Weinlage, fließt sie in die Saale. Diese Verbindung wird alljährlich am 3. Oktober durch

eine Weinbergwanderung gewürdigt, mit Startpunkt in der Naumburger Wein- und Sektmanufaktur. Die Route führt am Zusammenfluss von Saale und Unstrut vorbei, und ein musikalisches Programm ist stets vorgesehen und macht den Jahrestag zum ganz besonderen Ereignis im Kalender der Region.

Die Gewässer der Region Saale-Unstrut sind ohne den Wein ebensowenig vorstellbar wie der Wein ohne seine Gewässer: Hier zwei Beispiele der engen Verbindung, einmal Weinbau am Geiseltalsee zwischen Saale und Unstrut (oben) und unten das Thüringer Weingut Zahn in Großherinen-Kaatschen an der Saale (unten) – und damit nun zu den Reben, die den Saale-Unstrut-Wein ergeben.

Ein bisschen Fachchinesisch –

Die wichtigsten Rebsorten

Es sind im Wesentlichen 14 Rebsorten, die im Gebiet Saale-Unstrut angebaut werden und hier gut gedeihen. Die Rebfläche von insgesamt knapp 770 ha teilt sich auf in einen Anteil von 650 ha in Sachsen-Anhalt, wovon 490 ha Weißwein liefern, und 117 ha Thüringen, von denen 82 ha mit Weißweintrauben bestanden sind.

Schauen wir uns die einzelnen Rebsorten ein wenig näher an – sehr „erprobte" Weintrinker mögen diese Passage überspringen und sich die Kennzahlen des nächsten Kapitels (ab Seite 49 anschauen; oder gleich zu den Protagonisten des Weinbaus an Saale-Unstrut wechseln, die ab Seite 127 einzeln vorgestellt sind. – Hier indes die Reben:

MÜLLER-THURGAU

103 ha Sachsen-Anhalt, 11 ha Bereich Thüringen

Die Sorte hielt die Weinwelt lange Zeit zum Narren wegen der scheinbaren „Eltern" Silvaner und Riesling – bis 1999 Wissenschaftler in Siebeldingen mit neuer Gendiagnostik herausfanden, dass statt Silvaner Madelaine Royal im Spiel war, auch eine nicht exakt definierte Kreuzung aus der großen Pinot-Familie mit Trollinger (so lange, bis der Wissenschaft eine neue Definition einfällt). Der im Ertrag zuverlässige, aber frostanfällige „Müller" war Mitte der siebziger Jahre des letzten Jahrhunderts mit fast 25000 Hektar die Nummer Eins im deutschen Westen.

Heute hat sich die Fläche trotz der gut 100 Hektar Zunahme an Saale-Unstrut insgesamt mehr als halbiert. Die etwas aromatische, in der Säure milde Sorte kann durchaus ansprechende Weine liefern, wenn man sie im Ertrag nicht ausreizt – was an Saale-Unstrut kaum der Fall ist. Interessant ist, dass die Sorte, im Westen Deutschlands lange Zeit verkannt, schon 1935 in Naumburg auf einer Versteigerungsliste auftauchte und gewissermaßen von hier seinen Siegeszug in deutschen Landen antrat. Gelobt wurde sie in DDR-Zeiten wegen des stark ausgeprägten Muskatgeschmacks.

WEISSBURGUNDER

99 ha Sachsen-Anhalt, 8 ha Thüringen

Die Sorte, der in Südtirol und in Baden schon mehrfach ein Symposium gewidmet wurde, ist einer der Aufsteiger in deutschen Landen mit bald 6000 Hektar und gut einer Verdoppelung der Fläche in den letzten 20 Jahren. Sie ist bei Lage und Klima anspruchsvoll, reift mittelspät und kann würzige, druckvolle Weine liefern.

RIESLING

61 ha Sachsen-Anhalt, 8 ha Thüringen

Wohl die beste und vielseitigste Rebe Deutschlands und sicher eine der wertvollsten Sorten der Welt. Die Bandbreite reicht vom herzhaften Tischwein bis zum großen, Jahrzehnte und mehr haltbaren edelsüßen Gewächs. Er kann in fruchtiger Form ebenso imponieren wie als trockener Wein, hier oft mit einigen Gramm Fruchtzucker. Die Rebe ist seit Jahren führende Weißweinsorte in Deutschland mit insgesamt über 24000 Hektar. An Saale-Unstrut fehlt noch der große Durchbruch. Aber gute Erfahrungen hat man mit ihm schon in DDR-Zeiten gemacht. Im einstigen Volkseigenen Weingut Naumburg in Bad Kösen wurde im November 1983 Riesling mit 114 Grad Öchsle und 9,5 Promille Säure geerntet – der vermutlich erste Eiswein in der Geschichte der DDR. „Braucht Reife auf der Flasche", wurde dem Riesling damals attestiert.

BACCHUS

46 ha Sachsen-Anhalt, 3 ha Thüringen

Eine der vielen deutschen Neuzüchtungen, die in den sechziger und siebziger Jahren aufkamen. Vorteil: zuverlässig im Ertrag, immer für höhere Mostgewichte gut. „Eltern" sind (Silvaner x Riesling) x Müller-Thurgau. Die Sorte wuchs einst auf 3500 Hektar, inzwischen hat sich die Fläche mehr als halbiert. Winzer, die sich sehr mit ihr anstrengen, können durchaus achtbare, aromatische Weine erzeugen.

SILVANER

43 ha Sachsen-Anhalt, 4,5 ha Thüringen

Die Sorte war einst mit fast 20000 Hektar führend in Deutschland. Geblieben sind rund 4750 Hektar, vorwiegend in Rheinhessen und Franken. Im bayerischen Anbaugebiet wurde die Rebe erstmals unter dem Namen „Österreicher" anno 1659 in Castell angebaut. Leider wurde die Sorte auf ihrem Höhepunkt vor gut 50 Jahren züchterisch vernachlässigt und dann zunehmend auf dem Altar der Neuzüchtungen geopfert. Der Abwärtstrend ist gebremst; Silvaner ist vor allem in Franken

wieder gefragt und kann hier als „Großes Gewächs" deklariert werden. Ein trocken ausgebauter Silvaner kann komplex, würzig und kraftvoll ausfallen und gut reifen. In DDR-Zeiten schätzte man ihn wegen seiner angenehmen Säure.

GRAUBURGUNDER

34 ha Sachsen-Anhalt, 11 ha Thüringen

Früher wurde die Sorte als Ruländer deklariert und meist süß ausgebaut. Aber nachdem die Nachfrage nach üppigen Süßweinen vor allem in Baden stark nachließ, orientieren sich die Winzer um, ernteten die Trauben zeitiger,

bauten die Weine trocken aus und nannten sie Grauburgunder. Damit begann eine Erfolgsgeschichte. Heute sind in Deutschland rund 7100 Hektar mit der Sorte bestockt. Ruländer Auslesen und Beerenauslesen sind selten geworden.

KERNER

30 ha Sachsen-Anhalt, 4 ha Thüringen

Die Weinsberger Züchtung (Trollinger x Riesling) war

lange Zeit recht erfolgreich und wurde in den neunziger Jahren auf knapp 7800 Hektar angepflanzt. Geblieben sind nur mehr rund 2400 Hektar. Die Sorte machte ihrem „Paten", dem weinaffinen Dichter Justinus Kerner, durchaus Ehre mit würzigen, eleganten Weinen, wurde dann aber trotz ihres Potenzials etwas vernachlässigt.

TRAMINER

23 ha Sachsen-Anhalt, 2,5 ha Thüringen

Die Sorte gehört zu den ältesten der Welt und ist Stammvater (oder –mutter) zahlreicher Weißweinsorten wie Riesling, Sauvignon Blanc und Grüner Veltliner. Der Südtiroler Weinort Tramin in Namenspate, ob die Rebe hier ihren Ursprung hat, ist nicht eindeutig geklärt. Es gibt zwei Spielarten: Gewürztraminer und Roter Traminer. Die Gewürz-Variante fällt meist etwas üppiger aus. Typisch für beide ist ein Duft nach Rosenblättern und eine milde Säure; im fruchtigen Bereich kann die Sorte besonders glänzen. In Naumburg wurden in den achtziger Jahren bemerkenswerte Traminer mit bis 130 Grad Öchsle geerntet, die weitgehend trocken ausgebaut wurden. „Gehört zu unseren besten Sorten", lautete sinngemäß auch ein Urteil der Freyburger Genossenschaft in den achtziger Jahren.

GUTEDEL

17,5 ha Sachsen-Anhalt, 3,5 ha Thüringen

Gut und edel ist die Rebe nur bedingt. Aber die Sorte ist einer der ältesten der Welt, es gab sie vermutlich schon vor rund 5000 Jahren. In der Schweiz hat sie besondere Bedeutung unter dem Synonym Chasselas. Im Markgräflerland im Süden Badens ist sie mit 1100 Hektar eine wichtige Sorte, die durchaus ansprechende, säurearme Weine für den Alltag liefern kann. Ehrgeizige Winzer gewinnen aus der Rebe auch edelsüße Weine. In DDR-Zeiten attestierte man ihr, die Weine seien leicht und harmonisch. Teilweise wird sie auch als Tafeltraube geschätzt.

DORNFELDER

48,5 ha Sachsen-Anhalt, 4,5 ha Thüringen

Die Weinsberger Kreuzung von zwei anderen Kreuzungen (Helfensteiner x Heroldrebe) wurde nach ihrer Zulassung 1981 zunächst wegen der tiefroten Farbe geschätzt als Deckrotwein. Aber dann wurde erkannt, dass sie auch eigenständige Rotweine liefern kann, sehr ertragssicher ist und höhere Ernten möglich macht. In den letzten Jahren nahm die Beliebtheit etwas ab, weil im deutschen Westen zu viel schlichte Dornfelder in den Lebensmittelhandel drängten. Aber 7600 Hektar sind immer noch ein Machtwort in der Szene. Hinter dem Spätburgunder liegt Dornfelder auf Platz 2 in der roten Rangliste, an Saale-Unstrut ist es sogar die Poleposition.

PORTUGIESER

39 ha Sachsen-Anhalt, 0,5 ha Thüringen

Portugal ist nicht, wie gelegentlich vermutet wird, die Heimat dieser Sorte, ebenso wenig wie der komplette Name Blauer Portugieser auf einen alkoholisierten Südländer hinweist. Vor gut 50 Jahren war die Sorte führend in westdeutschen Landen mit seinerzeit 5500 Hektar; aber damals hatten Rotweinreben wenig Bedeutung. Geblieben sind insgesamt etwa 2800 Hektar. Die Sorte wird selten im Zusammenhang mit bedeutenden Weinen genannt, kann aber bei deutlicher Ertragsbegrenzung durchaus Gewächse mit Tiefgang liefern. „Angenehm mild, fruchtig" ist eine Beschreibung des Portugieser aus den achtziger Jahren in der Freyburger Genossenschaft. Im Volkseigenen Weingut Naumburg war die Sorte „die einzige ausbaufähige Rotweinrebe".

SPÄTBURGUNDER

22 ha Sachsen-Anhalt, 7 ha Thüringen

Die wertvolle Sorte, die immer häufiger als Pinot Noir bezeichnet wird, erlebte in den letzten Jahrzehnten ein deutliches Wachstum in den westdeutschen Regionen, nachdem sie lange etwas vernachlässigt wurde. Aber inzwischen haben viele Erzeuger das Potenzial des Burgunders erkennt und die Ergebnisse schätzen gelernt. Mit 11800 Hektar ist die Rebe mit weitem Abstand Nummer Eins unter den Rotweinsorten in Deutschland. Die Weine fallen in bester Version sehr elegant, feingliedrig und mineralisch aus. Im Weinberg gilt die Sorte als schwierig und echte Herausforderung für Winzer.

ZWEIGELT

20 ha Sachsen-Anhalt, 5 ha Thüringen

Für ihren Züchter kann die Sorte nichts. Dr. Friedrich Zweigelt von der Höheren Bundesanstalt für Wein- und Gartenbau in Klosterneuburg bei Wien war schon vor der Machtübernahme der Deutschen in Österreich ein glühender Nazi-Anhänger, der auch manche Andersdenkende den Schergen auslieferte. Zumindest einmal hatte er eine glückliche Hand, als er St. Laurent und Blaufränkisch verbandelte. Daraus entstand die heute mit Abstand wichtigste Rotweinsorte in Österreich (rund 6600 Hektar). In Deutschland (insgesamt etwa 110 Hektar) liefert die Sorte vor allem im Remstal gute Ergebnisse und Rotweine mit Struktur und Tiefgang.

REGENT

9 ha Sachsen-Anhalt, 7 ha Thüringen

Eine spezielle deutsche Züchtung mit etwas hochstaplerischem Namen, gekreuzt aus Diana (Silvaner x Müller-Thurgau) x Chambourcin. Der zweite Elternteil ist eine Hybride, die eine gewisse Resistenz gegen Pilzkrankheiten hat. Diese wurde ihrem „Kind" übertragen. Somit gehört Regent zur Kategorie der pilzwiderstandsfähige Sorten. Die Weine können tiefdunkel und körperreich sein, deshalb war die Rebe anfangs recht erfolgreich und kletterte im Westen auf rund 2200 Hektar. Aber der Trend ist rückläufig (aktuell etwa 1800 Hektar), da die Weine zu oft Profil vermissen lassen und auch im Aroma nicht immer sehr weinig sind.

Eine gewisse Änderung der Sortenstruktur ist in den nächsten Jahren zu erwarten, da zunehmend neue, auch pilzwiderstandsfähige Sorten (Piwi) angebaut werden. Das sind beispielsweise Johanniter, Muscaris, Cabernet Blanc und Solaris bei Weiß sowie André, Cabernet Mitos, Pinotin und Cabernet Dorsa bei Rot.

Wer es noch ein wenig genauer haben möchte, studiere die Zahlen des nächsten Kapitels.

Die Entwicklung

in Zahlen

Nach der Wende 1990 ging es im Weinbau drunter und drüber, exakte Zahlen über bestehende Rebfläche und Erntemengen wurden nicht festgehalten. Erst ab 1994 kehrte auf dem Feld der Statistik wieder Ordnung ein. Und diese Fakten machen deutlich, mit welchen Schwankungen die Winzer in diesem Anbaugebiet auf dem 51. Breitengrad zu leben haben.

Das Wachstum der Fläche war recht eindrucksvoll. 1994 waren für Sachsen-Anhalt 356 ha registriert, bei Thüringen nur 13 ha. Während sich Thüringen bis 1999 kaum veränderte, kam es an Saale und Unstrut zu einem kräftigen Zuwachs auf 514 ha. 2002 wäre schon fast die 600-Hektar-Marke gefallen (598 ha). Da war Thüringen immerhin schon bei 36 ha angelangt. Der Weinbau wuchs hier bis 2010 merklich weiter auf 81 ha und übersprang 2012 die 100er Marke mit 107 ha. Inzwischen sind es 110 ha.

An Saale und Unstrut gab es nach Jahren der Stagnation in der Flächenentwicklung 2011 den Sprung über die 600er Grenze mit 614 ha und danach ein zartes Wachstum auf 650 ha. So weit so gut. Richtig spannend wird die Betrachtung der höchst unterschiedlichen Ernteergebnisse, die deutlich machen, welchen Einfluss die Natur im deutschen Wein-Nordosten hat. Während die Erntemengen im Westen im langjährigen Schnitt kaum unter 100 hl/ha liegen (in der Pfalz, Rheinhessen, Württemberg und an der Mosel meist noch etwas darüber), sind an Saale-Unstrut (ohne Thüringen) die Schwankungen groß. Mehr als 70 hl/ha im Schnitt sind selten. Nur zweimal wurde die 80 hl/ha-Marke knapp überschritten, das war in den Jahren 2008 und 2011. Dagegen gab es einige Male sehr geringe Ergebnisse, so 1996 mit 36,3 hl/ha, und noch weniger im Jahr darauf mit 20,1 hl/ha. Über den Ertrag von 38,7 hl/ha in 2012 wurde nicht gerade gejubelt, ebenso wenig über die 43,7 hl/ha in 2019.

Solche Resultate erklären, warum die Weinpreise an Saale-Unstrut und auch in Thüringen im Schnitt ein höheres Niveau haben müssen als im Westen, wo hohe Ernten auf den Preis drücken und am nach wie vor nicht unbedeutenden Fassweinmarkt für den Liter oft weniger als 1 Euro erlöst wird.

Bescheinigt werden kann den Trauben über einen langen Zeitraum hinweg eine gute Säurestruktur von 7 bis 9 Promille mit wenig Ausreißern nach oben (2010 mit 12,1 Promille, 2014 mit 10 Promille). Im fertigen Wein wäre das etwas viel, aber die natürliche Entwicklung im Keller und ggf. eine kleine Entsäuerung nehmen den Weinen diese gewisse Aggressivität.

Beim durchschnittlichen Mostgewicht ist zu erkennen, dass die Natur den Weinbau nicht verwöhnt. Hohe Öchslegrade sind nicht üblich, immer wieder mal steht eine „7" vorn dran, aber wenigstens sind so schwächliche Jahrgänge wie 1995 und 1996 (69 bzw. 61 Grad Öchsle) Vergangenheit und dürften Werte wie 2018 und 2019 mit 87 und 82 Grad Öchsle in Zukunft durch den Klimawandel von Dauer sein.

Gunther, der Weinbotschafter

Er ist gebürtig in Eisenberg in Thüringen, studierte Bauwesen und dann Operngesang und gehörte lange zum Ensemble der Dresdner Oper. Eine seiner Paraderollen war der Osmin in der Mozart-Oper „Die Entführung aus dem Serail". Noch in DDR-Zeiten trat Gunther Emmerlich als Moderator in diversen Fernsehsendungen auf und schaffte auch nach der Wende den Einstieg ins TV-Geschäft. Musikalisch ist der immer noch sehr aktive Mann vom Jahrgang 1944 vielseitig unterwegs. Neben klassischer Musik hat er Jazz und Rock im Repertoire. Und weil sein Leben so abwechslungsreich ist, hat er einige Bücher geschrieben. Eines trägt den Titel „Spätlese", das auch eine zarte Andeutung dafür ist, dass er dem Wein nicht abgeneigt ist.

Emmerlich lebt seit 1972 in Dresden, das bekanntlich zu Sachsen gehört. Aber er ist seit 2008 Weinbotschafter von Saale-Unstrut. Und er ist auf diesen Titel durchaus stolz, besucht gern die Region und hält gute Kontakte zu den Weinerzeugern. Begonnen hat alles 2006, als die deutsche Weinkönigin in Dresden gewählt wurde, er ihm Saal dabei war und von Siegfried Boy, dem langjährigen Präsidenten des Weinbauverbandes Saale-Unstrut und geschickten Strippenzieher auf eine mögliche Weinbotschafter-Rolle angesprochen wurde. Das war von Boy eigentlich ein bisschen keck, so etwas bei einem „Auswärtsspiel" zum Thema zu machen. Aber da Emmerlich in Thüringen (bekanntlich Teil des Anbaugebietes Saale-Unstrut) geboren wurde, auch nicht unlogisch.

Zwischen Gut und Böse im Glas konnte er schon in jungen Jahren gut unterscheiden. In förmlich traumatischen Erinnerung geblieben sind ihm die Liköre aus DDR-Zeiten mit Pfefferminzgeschmack. Lieber startete er seine Genießer-Karriere mit Wein von Saale-Unstrut. So stand dem Vorschlag des Weinbaupräsidenten eigentlich nichts im Wege. Zwei Jahre nach dem ersten Kontakt wurde die Ernennung zum Botschafter vollzogen. Seitdem ist es für ihn eine ehrenwerte Aufgabe, den Wein dieser Region bei allen sich bietenden Gelegenheiten zu loben. Zum Marschgepäck gehören häufig Weine von Saale-Unstrut. Er schätzt besonders Weißburgunder und Silvaner („bekömmlich, frisch und ehrlich"), hat sich auch mit dem sanft aromatischen Traminer angefreundet und in den letzten Jahren registriert, dass das Gebiet beim Rotwein große Fortschritte gemacht hat. Als er mal vom Weinmagazin VINUM gefragt wurde, welcher Wein bei ihm nie ausgehen darf, nannte er spontan „einen ordentlichen Silvaner von Saale-Unstrut, richtig knackig, herb. So etwas habe ich schon vor meiner Karriere als Weinbotschafter geschätzt." Auf die Frage, ob er sich mal überlegt habe, keinen Alkohol mehr zu trinken, lachte er nur und meinte: „Ich weiß nicht, ob ich das gesundheitlich durchstehen würde. Für so ein Vorhaben müsste ich schon sehr krank sein."

Gern erzählt er, dass er gelegentlich bei öffentlichen Festivitäten auch zum Bierglas greift. Aber wenn es auf einer solchen Veranstaltung auch Rotkäppchen-Sekt gibt, Fotografen nahen und das von Christoph Queisser, dem obersten Chef des Hauses Rotkäppchen-Mumm bemerkt wird, wird ihm das Bier entwendet und er muss für das Bild mit einem Sektglas parat stehen. Gut gefüllt selbstverständlich.

Breitengrad51

Ein junger Verein setzt Qualitäts-Akzente

Unterhalb von Schloss Johannisberg im Rheingau steht in den Reben eine Säule mit einem Schild am Kopf mit der Zahl 50. Sie macht deutlich, dass exakt hier der 50. Breitengrad durchläuft. Dieser war mal im Weinbau so etwas wie das Maß aller Dinge. Die alte Lehrmeinung, dass in Europa nur zwischen dem 40. und 50. Breitengrad Reben gut gedeihen und oberhalb der Zahl 50 Weinbau zum Risiko wird, ist durch den Klimawandel überholt. Schließlich gibt es in deutschen Landen inzwischen sogar Weinbau etwa auf dem 55. Breitengrad auf den Inseln Sylt und Föhr. Die Dänen bauen schon seit über zwei Jahrzehnten auf dem 56. Breitengrad Wein an, ebenso die Engländer. Noch weiter nördlich in Lettland (57. Breitengrad) und

Breitengrad 51
Saale-Unstrut

Schweden sowie Norwegen (58. Breitengrad) wachsen in vorläufig kleinem Umfang Reben. Finnland ist Breitengrad-Rekordhalter auf Linie 61 mit der frostharten Sorte Zilga aus Lettland, aber nur weil die Reben auf der Insel Olkiluoto von der Abwärme eines Kühlsystems für mehrere Kernkraftwerke profitieren.

Trotz dieser Entwicklung ist Weinbau oberhalb des 50. Breitengrades immer noch eine Herausforderung, vor allem, wenn man hauptsächlich mit klassischen Rebsorten arbeiten will. An Saale und Unstrut ist man sich dessen schon Jahrhunderte lang bewusst und weiß heute, dass Winzer im deutschen Süden vermutlich froh wären, hätten sie Verhältnisse wie im nördlichsten Qualitätsweingebiet. Diese trugen dazu bei, dass die Rebfläche in den letzten 20 Jahren deutlich wachsen konnte. Das Cool Climate, das anderswo durch Weinbau in immer höheren Lagen und etwas schattigen Nischen gesucht wird, ist hier vorhanden.

Hinzu kommt ein wachsender Ehrgeiz der Winzer mit der Erkenntnis, dass regelmäßiger Gedankenaustausch untereinander von Vorteil sein kann. So wurde 2011 die Initiative „Breitengrad51" gegründet. Es waren experimentierfreudige Weinmacher, die sich hier zusammenfanden. Man machte sich von Anfang an auf die Suche nach neuen Wegen und Möglichkeiten. Was sie einte, war die Begeisterung an ihrem Beruf, gesunder Ehrgeiz und das Ziel, hier Weine von Format und Eigenständigkeit zu erzeugen.

Breitengrad51 ist so etwas wie das „Große Gewächs", das in Deutschland der Verband der Prädikatsweingüter

(VDP) kreierte und das mittlerweile allzu oft nachgeahmt wird. Bei dem Verein mit inzwischen neun Mitgliedern gibt es eine gut verständliche Ordnung. Basis sind die Gutsweine, die vor allem Trinkfreude schenken sollen. Darüber stehen die normalerweise trocken ausgebauten Ortsweine, die schon das Terroir spüren lassen sollen. Die Trauben für die Lagenweine wachsen in ausgesuchten Parzellen heran. Zielsetzung sind hier komplexe, gehaltvolle, elegante Gewächse. Fruchtige Weine, die ohnehin selten anfallen, sind ein eigenständiges Segment, bei dem auch Prädikate wie Spätlese und Auslese auf den Etiketten stehen können.

Für die Spitze, die Breitengrad-Weine sind nur Riesling, Roter Traminer, Blauer Zweigelt und die weißen und roten Burgundersorten inkl. Chardonnay zugelassen. Pro Weingut kann jedes Jahr nur ein Weiß- und Rotwein ausgezeichnet werden. Für die von Hand gelesenen Trauben gilt ein Mindestmostgewicht von 95 Grad Öchsle, die Erntemenge ist auf 50 hl/ha begrenzt. Bei der jährlichen Blindverkostung entscheidet ein unabhängiges Komitee aus Winzern, Gastronomen, Sommeliers, Fachjournalisten und Experten der Weinwirtschaft, welche Weine würdig sind für die Top-Kategorie. Bis es jedes Jahr soweit ist, treffen sich die Winzer immer wieder zu Diskussionen, zum Gedankenaustausch, zu Verkostungen. Und: Es hat eine Weile gedauert, bis die „Breitengrader" den heutigen Standard auf breiter Front erreicht hatten. Am Anfang waren bedeutende Weine nicht unbedingt die Regel. Aber es macht einen guten Winzer auch aus, dass er lernfähig ist ...

Durch die wachsende Zahl ambitionierter Erzeuger im Gebiet ist es logisch, dass mehr Winzer mitmachen wollen. Der Verein hat keine Wagenburg-Mentalität und nimmt Anträge auf Mitgliedschaft gern entgegen. Voraussetzung dafür sind eine Eintragung beim Amt für Landwirtschaft, Flurneuordnung und Forsten (ALFF) und eine eigene Kellerwirtschaft. Dann sind fünf Weine einzureichen, die von einer Kommission blind verkostet werden. Fällt dieser Test positiv aus, wird die Mitgliederversammlung offen über die Aufnahme abstimmen. Bei einer Zweidrittel-Mehrheit hat Breitengrad51 Zuwachs bekommen.

Abgänge waren auch schon zu verzeichnen. Nicht alle Betriebe, die beim Start dabei waren, machten aus unterschiedlichen Gründen dauerhaft mit. – Aktuell sind folgende neun Weingüter dabei:

Weingut Böhme & Töchter, Gleina 24 (S. 195)
Weingut Klaus Böhme, Kirchscheidungen 19 (S. 178)
Weingut Born, Höhnstedt 27 (S. 201)
Weingut Frölich-Hake, Naumburg-Rossbach 8 (S. 147)
Winzerhof Gussek, Naumburg 13 (S. 162)
Weingut Hey, Naumburg 11 (S. 156)
Landesweingut Kloster Pforta, Bad Kösen 23 (S. 189)
Weingut Wolfram Proppe, Laasdorf 32 (S. 215)
Thüringer Weingut Zahn, Großheringen 22 (S. 187)

Ansprechpartner für die Truppe ist Matthias Hey. Kontakte finden sich unter **www.breitengrad51.de**.

Die vielseitige Weinbruderschaft

– und der individuelle Weinkonvent

Sie ist eine heimliche Macht im Wein-Staat Saale-Unstrut, die regionale Weinbruderschaft. Mitglieder sind namhafte Politiker und Unternehmer ebenso wie begeisterungsfähige Weinfreude, wobei das eine das andere nicht aus schließt.

Gegründet wurde sie offiziell 1993, aber die Wurzeln trieben gleich nach der Wende aus, als Joachim Worch, der langjährige Betriebsleiter von Rotkäppchen-Sekt, und Udo Lützkendorf, damals noch Chef im Volkseigenen Gut in Bad Kösen, sich bemühten, das Zusammengehörigkeitsgefühl in der Region zu stärken und gleichzeitig auf der Suche nach Ratgebern im Westen waren, die den Weinerzeugern im Osten den richtigen Weg weisen würden. Man pflegte unter anderem Kontakte mit der Pfalz und Franken, weil man sich keine Impulse vom Land Nieder-

sachsen erhoffte, das vom Bund als für den landwirtschaftlichen Bereich des Gebietes zuständig erklärt wurde – eine nicht eben logische Verfügung, die auch nie griff.

Worch und Lützkendorf fanden schnell jemanden, der ohne jegliche Vorbelastung geeignet war, eine Weinbruderschaft zu führen. Ihre Wahl fiel auf den Weinfan Dieter Hanisch (Jahrgang 1953; hier der Zweite von links bei einer Ehrung), geboren im Harz, weinbaulich geprägt durch einen Großvater, der in Tschechien bei Melnik Reben pflegte und nebenbei Obstwein machte. Zahnarzt Hanisch hatte sich damals in weininternen Kreisen bereits einen Namen gemacht mit einem speziellen kleinen Club, der schon in der DDR zu Weinproben bat.

Die Weinbruderschaft wuchs und gedieh. Sie wurde 1998 in den Verband deutschsprachiger Weinbruderschaften aufgenommen und ist seitdem ein wesentliches Element in der Saale-Unstrut-Weinszene. Selbst Ministerpräsidenten lassen sich gern einspannen, wenn es darum geht, Ehrenpreise zu verleihen. Mitglied kann „jede für Wein aufgeschlossene Person auf Antrag werden". Das heißt, auch Frauen sind zugelassen (was nicht in jeder deutschen Weinbruderschaft eine Selbstverständlichkeit ist). Über die Aufnahme entscheidet ein Ausschuss. Als Aufnahmegebühr sind 100 Euro fällig, der Mitgliedsbeitrag liegt ebenfalls bei 100 Euro. Teurer ist auf jeden Fall eine Robe, die man sich als würdiges Mitglied schneidern lassen muss. Gefertigt wurde sie früher, wie Hanisch schmunzelnd erzählt, „im Naumburger Knast“ ...

Die Zielsetzung des Vereins ist gemäß der Satzung fixiert auf:

- Vertiefung des Wissens und des Genusses von Wein
- Pflege und Förderung der Weinkultur Saale-Unstrut
- Verbindung des Weines mit den Künsten
- Wachsame Weinkritik zur Erhaltung der charakterlichen Eigenarten der Saale-Unstrut-Weine
- Förderung der Literatur um den Wein

Dafür werden Wein-Exkursionen organisiert. Einmal im Jahr findet ein Generalkonvent (vergleichbar mit einer Jahreshauptversammlung) statt. Auch beim Winzer-Umzug erfolgt ein Aufmarsch in Roben. Die wohl wichtigste Aufgabe ist indes die Vergabe von Ehrenpreisen an regionale Winzer nach einem Wettbewerb, was jährlich auch Widerhall in den Medien findet. „Das war der erste Weinpreis überhaupt, der in Mitteldeutschland vergeben wurde“, erzählt Bruderschaftsmeister Hanisch stolz. Offizielle Weinprämierungen wurden erst später eingeführt.

Rund 30 Verkoster sind für einige Stunden am Start. Sie probieren in dieser Zeit etwa 60 bis 80 Weine in verschiedenen Kategorien (überwiegend trockene Weine, auch Barrique-Rotweine und Edelsüße). Pro anstellendem Betrieb ist nur ein Wein zugelassen. Eine Ausnahme wird für die beiden Großen gemacht: Das Staatsweingut darf zwei Weine aufbieten, die Winzergemeinschaft deren drei. Das spannende Element kommt am Schluss ins Spiel, wenn die jeweiligen Sieger feststehen. Dann werden nämlich die beiden Juroren in den Ring gebeten, die die höchste und die niedrigste Note abgaben. Was folgt, sind oft kernige Wortgefechte. Einmal passierte es sogar, dass Vater und Sohn aufeinander trafen und damit der Hausfrieden vermutlich für eine Weile gestört war ...

Während die Weinbruderschaft, um nicht ständig die Zahlen erneuern zu müssen, 111 Mitglieder angibt (aus ganz Deutschland, auch aus Hamburg, Berlin und Süddeutschland), ist bei einer anderen Vereinigung – dem sogennnten „Weinkonvent" – die Zahl auf neun beschränkt. Wortführer ist auch hier Bruderschaftsmeister Dieter Hanisch, der versichert: „Nur wenn sich einer verabschiedet, kann jemand neu hinzukommen." Und er muss dann in die Runde passen, also weinbegeistert und auch nach vielen Jahren Erfahrung immer noch neugierig sein. Zu den aktuellen Konvent-Aktivisten gehören unter anderem Hans Albrecht Zieger (Seite 137ff.), Chef der Winzervereinigung und Präsident des regionalen Weinbauverbandes, und die Winzer André Gussek (Seite 162), Klaus Böhme (Seite 178), Hartmut Duchrow (Seite 165) und Stephan Herzer (Seite 147f.).

Der Konvent fand sich, als sich die DDR langsam aufzulösen begann. Hanisch, der einzige, der alle drei Jahrzehnte dabei war, erinnert sich: „Wir waren Weinfans, die meinten, wir müssen uns neu orientieren und auch Weine aus dem Westen kennenlernen. Also haben wir uns in einigermaßen regelmäßigen Zeitabständen zu Verkostungen getroffen, bei denen nicht nur Weine aus östlichen Ländern auf den Tisch kamen." Anfangs waren das noch Treffen, die als konspirativ galten und vermutlich auch irgendwo genauer registriert wurden.

Später registrierten nur mehr die Frauen, dass ihre Männer alle paar Wochen die Sonntagabende nutzten, um sich im Wein fortzubilden – und ihn zu genießen. Der Name, den sich der kleine Verein gab, ist schon etwas eigenwillig. Denn eigentlich bedeutet ja Konvent eine Versammlung von Klosterbrüdern. Aber andererseits ist bekannt, dass es einst die Klöster waren, die den Weinbau voran brachten und dass das Wirken der Klosterbrüder nicht immer streng klösterlich war. Das passt zu unserem Weinkonvent zumindest in früheren Zeiten, als es vorkam, dass gelegentlich mangels Fahrtüchtigkeit im Weinberg übernachtet wurde. Als die Gattinnen drohend die Zeigefinger hoben, wurden die Männer gesitteter (und ließen sich nach getaner „Arbeit" abholen). Außerdem versprachen sie den Frauen einen eigenen Wein-Abend, an dem diese verwöhnt werden.

Die Konventtreffen laufen nach einem speziellen Muster ab, das immer wieder mal geändert werden sollte, aber nie eine Korrektur erfuhr. Der Gastgeber wählt ein Thema und die passenden Weine aus. Dann wird offen verkostet. Die Weine werden beschrieben und dann – jeder für sich – nach einem einfachen Fünf-Punkte-System bewertet. Die Null steht für einen zwar fehlerfreien, aber ansonsten nicht bemerkenswerten Wein. Die Fünf wird dann vergeben, wenn der Wein richtig gut ist. Hanisch gibt bei den Beschreibungen den Ton vor, man merkt an seinen Worten, dass er längst ein alter Hase auf diesem Feld ist und präzise die Eigenheiten eines Weines notiert. Kein Wunder, wenn man bald 400 solcher Runden erreicht hat.

Schwierig wird es beim nächsten Gang. Dann werden die gleichen Weine mit den Resten aus der Flasche noch mal, aber in anderer Reihenfolge, verkostet und – zack, zack – benotet. Natürlich kann es sein, dass sich der Fla-

schenrest anders entwickelt hat. Aber es ist durchaus denkbar, dass die Vorrundennote bei dem einen oder anderen auch deshalb deutlich anders ausfällt, weil er vorher zu euphorisch oder zu kritisch war. Öffentlich gemacht wird das in der Runde nicht. Aber es kann schon mal sein, dass sich einer wie Hanisch einen Jux erlaubt und einen Piraten einschmuggelt. Legendär ist, dass er bei einer Rotweinrunde im zweiten, blinden Durchgang einen Château Latour einschmuggelte – und sich hinterher ärgerte, weil das keiner seiner Kumpane registrierte und der Latour ziemlich kritisch bewertet wurde. Was nicht verwundert, denn ein Bordelaiser Hochgewächs kann vor allem im Aroma gelegentlich etwas pubertäre Noten aufweisen, die Ungeübte stören, während Spezialisten sie kennen und akzeptieren.

Eine Besonderheit des Weinkonvent ist noch, dass man bei jeder Verkostung unter sich bleibt. Gäste werden höchst selten eingeladen. Sie dürfen sich dann geadelt fühlen. So wie der Autor dieses Buches.

Und alles Übrige findet sich auf der Homepager der Weinbrüder: www.weinbruderschaft-saale-unstrut.de.

Rotkäppchen

Ein Buch im Buch –
über eine märchenhafte Karriere

Man stelle sich das einmal vor: Der ehedem Volkseigene Betrieb Sachsenring Automobilwerke in Zwickau, der seit 1958 in der DDR den Kleinwagen Trabant baute, hätte gut 15 Jahre nach dem 1989 stattgefundenen Mauerfall dem Volkswagenwerk in Wolfsburg ernsthaft Konkurrenz gemacht, und wir stellen es uns noch fantastischer vor: die Zwickauer hätten etwas später die Wolfsburger sogar wirtschaftlich überflügelt …

Der „Trabi", von dem immerhin über 3 Millionen Exemplare hergestellt wurden, konnte ab 1990 nicht mehr produziert werden, das Unternehmen meldete Jahre später Insolvenz an. Ähnlich erging es dem VEB Automobilwerk Eisenach, das von 1956 bis zum Frühjahr 1991 die Automarke Wartburg, den „Mercedes des Ostens", fertigte. Heute sind Trabant und Wartburg zwar immer noch in gewisser Weise lebendig, weil es Autofans gibt, die ganz wild auf solche Relikte aus der DDR-Autoproduktion sind und sogar Sammlertreffen veranstalten. Aber das gehört in die Rubrik gelebte Nostalgie.

Dafür machte ein ganz anderes Produkt aus der vormaligen DDR richtig Karriere: Rotkäppchen Sekt, und das,

obwohl das Haus in Freyburg an der Unstrut gleich nach der politischen Wende schwer zu kämpfen hatte. Dass die kritische Phase überstanden wurde und dann durchgestartet werden konnte, hatte wohl – neben unternehmerischem Geschick, einem richtungsweisenden Investment aus dem Westen und einem beeindruckenden Teamwork mit einem festen Glauben an eine gute Zukunft – seine Ursache auch in der Treue der Bürger aus dem deutschen Osten. Diese Treue zum vertrauten prickelnden Getränk mit der roten Kappe auf dem Flaschenhals hatte schon bald nach der Gründung anno 1856 ihren Anfang genommen ...

Was sich daran anschloss, ist vermutlich märchenhafter als jede Geschichte, die sich die Brüder Grimm einst ausdachten. In ihr kommen mehr böse Wölfe vor als im klassischen Märchen, aber auch besonnene Jäger, die alle Probleme bereinigen. So lässt sich über unser Rotkäppchen das aktuelle Fazit ziehen: Und wenn sie nicht gestorben sind, so leben sie noch lange. Und wie!

Zwar ist das Unternehmen nicht mehr ausschließlich in seiner Stammheimat an der Unstrut Zuhause, setzt aber hier nach wie vor Akzente und ist vor allem ein Besuchermagnet. Wesentliche Teile des Hauses wurden, auch eine Notwendigkeit diverser Fusionen und Übernahmen, in den Rheingau verlagert. Das wird durch die noch relativ junge Firmenbezeichnung „Rotkäppchen-Mumm" ver-

deutlicht. Aber im Weinbaugebiet ist man nach wie vor froh, dass hier ein solches Unternehmen Flagge zeigt – obwohl die Weine, die von ihm verarbeitet werden, nur in wenigen Ausnahmefällen an Saale und Unstrut gewachsen sind. Aber der Reihe nach.

Wie alles begann

1856 war eigentlich kein aufregendes Jahr in der deutschen Geschichte. Aber ein Trend im Genussbereich zeichnete sich ab, der aus Frankreich und hier aus der Champagne herüberschwappte: der moussierende Wein, der damals noch längst nicht Sekt oder Schaumwein genannt wurde, sondern einfach „Champagne". Dies spielte zunächst nicht die Hauptrolle bei dem Trio, das im Herbst 1856 ein reines Weingeschäft ins Leben rief und noch im Oktober die ersten Einkäufe an Most und jungem Wein tätigte: Die Brüder Moritz und Friedrich Julius Kloss trafen sich vermutlich für die Anbahnung der ersten Geschäfte in der hoch über Freyburg, neben (heute nicht mehr existierenden) Weinbergen gelegenen Villa ihres Freundes Carl Foerster. Das genaue Gründungsdatum wird in den Annalen mit dem 26. September 1856 angegeben.

„Im Winter des ersten Geschäftsjahres gelangte unser Entschluss zur Reife, neben dem Weingeschäft eine Champagnerfabrik zu errichten", ist von Julius Kloss überliefert. Er war wohl von Anfang an Motor des frisch gebackenen Unternehmens, er war, geboren 1830, noch jung an Jahren,, aber in Freyburg (links im Gründungsjahr, Fabrik links an der Wehrmauer) bereits sehr angesehen, schließlich war der 1832 verstorbene Vater von Moritz und Friedrich Julius Ratskämmerer und Stadtsteuereinnehmer gewesen. Unternehmerisch angeregt wurde man von einer vorher ins Leben gerufenen Aktien-Champagner-Fabrik, die aber einen recht dubiosen Direktor namens Robin hatte und wenige Jahre später ihren Betrieb einstellte. Was davon übrig geblieben war, konnte das neue Unternehmen Kloss & Foerster 1866 aufkaufen. Das Inhaber-Trio war vorher auch bei dieser Champagner-Fabrik als Aktionär in leitender Funktion tätig gewesen, aber vermutlich wollte man beim profitablen Geschäft mit den schäumenden Weinen unter sich sein. Und als die Champagner-Fabrik liquidiert wurde, gehörte man – weise vorausschauend – nicht zu denen, die ihr Kapital einbüßen mussten.

Offenbar nicht zu leiden hat das junge Unternehmen unter einer schweren Wirtschaftskrise in Deutschland in 1857. Überproduktion und Übersättigung des Kapitalmarktes hatten dazu geführt. Die Lohnentwicklung hielt nicht Schritt mit den Preisen, die Kaufkraft war gering. Im beschaulichen Freyburg war davon wohl nichts zu spüren. Wichtig war, dass die junge Sektkellerei schnell einen erfahrenen Kellermeister hinzuziehen würde, und

man fand ihn in einem Mann namens Lewalder, der im Folgenden über 13 Jahre hinweg bestimmte, wo es lang ging mit der Produktion.

Die ersten 6000 Flaschen waren schnell gefüllt. Das geschah – Improvisation war damals groß geschrieben – in einer Wohnung im Hinterhaus der Familie Kloss. Bereits 1859 leistete sich die Firma mit Franz Ferdi-

nand Knabe einen Reisenden, der den Kontakt zu bestehenden und neuen Kunden pflegte und in dieser wesentlichen Funktion schon 1860 Teilhaber wurde. So entstand auch keine Lücke in der Geschäftsführung, als 1863 Moritz Kloss verstarb.

Erstmals trat man bei einer Ausstellung des thüringischen Gewerbes öffentlich und mit großem Erfolg auf. Da es noch kein Markenschutzgesetz gab, wurde das mit französischen Bezeichnungen wie „Monopol", „Cremant Rosé" und „Sillery grand mousseux" getan. Und geworben wurde mit der Bezeichnung „Freyburger Champagner erster Qualität". Was Konkurrenten taten, unterließ Kloss & Foerster, nämlich sich eine Adresse in der Champagne zuzulegen, beispielsweise in Reims, und dies als scheinbaren „Firmensitz" auf dem Etikett zu verewigen. Solche und ähnliche Tricks wurden auch noch viel später in der deutschen Szene praktiziert. Bestes Beispiel dafür war rund hundert Jahre danach das Haus Faber, das als „Saar Sektkellerei" suggerierte, man setze auf Grundwein aus der Region, aber stattdessen billigen Wein aus dem Ausland für „Faber Krönung" aufkaufte …

Nachdem in Freyburg einige Keltern entstanden, wurde ab 1867 nicht mehr fertiger Wein oder Most bezogen, sondern Trauben. Vermutlich geschah das, um die Qualität des Ausgangsmaterials besser im Griff zu haben. Aber da im Großraum Freyburg meist nicht genügend Wein zur Verfügung stand und die Jahrgangsmengen höchst unter-

schiedlich ausfielen, musste der Bedarf doch in anderen Gebieten gedeckt werden (links die frühe Verladehalle).

Die nächsten Jahre waren geprägt von gutem Wachstum, immer in Verbindung mit Kellerneubauten. So wurde 1887 ein „Großer Keller“ über fünf Stockwerke sowie ein Büro- und Empfangsgebäude errichtet. 1890 folgte der Bau eines zusätzlichen ausgedehnten „Hofkellers“, und 1891 zeigte man in Freyburg noch mehr Flagge mit einer modernen Gastwirtschaft mit großem Festsaal. Notwendig wäre das nicht gewesen, aber die Bevölkerung sollte bedient werden. Außerdem wurde ein Weinberg, der „Schlüterberg“, gekauft und vorbildlich angelegt, damit die örtlichen Winzer einen Anschauungsunterricht für die Pflege der Reben bekamen.

Klagelieder wurden in diesen Jahren immer wieder gesungen wegen der schlechten Verkehrsanbindungen auf den Straßen und auf der noch jungen Schiene. Auch die Geschäfte liefen nicht durchgängig optimal. Man musste „moussierende Weine zu niedrigen Preisen abgeben“. Denn die allgemeine Konjunkturlage war seit dem deutsch-französischen Krieg 1870/71 nicht sonderlich gut. Andererseits war während der Auseinandersetzungen der Verbrauch an deutschem Sekt gestiegen, weil französische Bezugsquellen „geradezu verstopft“ waren. Hinzu kam, dass der Krieg gegen Frankreich das deutsche Nationalgefühl gestärkt hatte, was sich auf Produkte wie den prickelnden Wein übertrug. Verkauft wurde der Sekt vornehmlich in Nord- und Mitteldeutschland, aber auch die ersten Exportländer wurden angesteuert, vor allem Schweden und Norwegen.

Eine Sorge der Handelskammer waren „etwaige socialistische Agitationen und Arbeitseinstellungen", vor allem im Bereich der neu entstandenen Schicht der Industriearbeiterschaft. Nach 1871 wurde Deutschland ein einheitlicher Staat, das Zweite Deutsche Reich mit einem Kaiser an der Spitze, Wilhelm I., und einem Reichskanzler, der die Richtlinien der deutschen Politik bis 1890 bestimmen sollte. Otto von Bismarck war, was wenig bekannt ist, auch Weingenießer. Er bekam, so ist es in den Annalen des Pfälzer Weingutes Dr. von Bassermann-Jordan verzeichnet, von seinem Arzt zur Stabilisierung seiner Gesundheit reifen Riesling verordnet – worauf sich Bismarck eine Lieferung 1811er kommen ließ, ein Jahrhundert-Jahrgang, der gut 200 Jahre später noch trinkbar war.

Aber zurück nach Freyburg: Kloss & Foerster hatte keine Probleme mit Agitationen und Protesten, weil eine Betriebssparkasse, aus der zum Jahresende ein offenbar hübsches Sümmchen an die Belegschaft verteilt wurde, Streikgedanken gar nicht erst aufkommen ließ. Der Durchschnittslohn belief sich in jener Zeit auf 1,85 Mark. Besonders fleißige und kompetente Mitarbeiter konnten es auf 2,30 Mark bringen. Die neue Reichswährung löste 1873 übrigens den Silbergroschen ab.

Personell bemerkenswert war 1871 der Eintritt eines neuen Kellermeisters. Adam Feldmann, ein gebürtiger Mainzer, wurde Nachfolger des legendären Gottlieb Lewalder, der ursprünglich aus Koblenz nach Freyburg gekommen war und nach seinem Abschied in seiner alten Heimat noch für einige Jahre eine Schankwirtschaft betrieb. Es gab Koblenzer, die dieser Zusammenhang im Rückblick stolz machte. Schließlich konnte man einst mit Deinhard eine angesehene Sektkellerei vorweisen. Und dann war auch noch einer der ihren in der ersten Phase von Kloss & Foerster verantwortlich für die Qualität der schäumenden Weine in Freyburg …

Nun denn, der Nachfolger von Lewalder war ihm würdig. Sein Name steht für den Aufschwung der nächsten Jahrzehnte. In der Chronik ist festgehalten: „Unter seiner Leitung entstanden Sekte, die den Vergleich mit den besten französischen nicht zu scheuen brauchten.“ Feldmann seinerseits verabschiedete sich dann 1899 in den Ruhestand. Seine Söhne Georg und Wilhelm folgten ihm nach. Die damit gepflegte Betriebstreue schien typisch für die Kellermeister des Hauses zu sein. Der in DDR-Zeiten verantwortliche Betriebsleiter Joachim Worch begann 1958 als 28-Jähriger und schied erst 1991, nach über 30 Jahren, aus dem Unternehmen aus.

Kloss & Foerster kam gut voran, schon im Jahr 1871 wurden 120000 Flaschen gefüllt. Damit zählte man bereits zu den führenden Betrieben auf diesem Feld im Deutschen Reich. Zum Wachstum trugen die Auftritte auf Messen ebenso bei wie ein aktiver Vertreterstab. Und 1881 konnte man in Freyburg denn auch über eine besondere Auszeichnung strahlen: Für hervorragende gewerbliche Leistungen wurde dem Unternehmen die Große Preußische Staatsmedaille in Gold (unten) verliehen.

Zu diesem Zeitpunkt zeichnete sich bereits der weitgehende Abschied vom heimischen Weinbau ab. Denn 1875 gab es arge Frostschäden im Herbst. Die Ernte der Jahre 1877 bis 1879 fand praktisch nicht statt. Dann stellte sich

1887 die Reblaus an Saale und Unstrut ein (mehr dazu im Kapitel über die Geschichte des Anbaugebietes). Kloss & Foerster bediente sich seitdem im Wesentlichen an Weinen aus anderen Herkünften als der eigenen Nachbarschaft von Saale und Unstrut.

Dass man gut dastand, war auch auf besondere unternehmerische Entscheidungen und Ideen zurückzuführen. So wurde 1885 in Berlin das „Deutsche Sekthaus F. F. Knabe“ eröffnet, auf Initiative von Gesellschafter Knabe. Hier gab es Weine vom Rhein, von der Mosel und aus Bordeaux, aber als einzigen Sekt den von Kloss & Foerster. Das Sekthaus trug sehr dazu bei, dass sich die Berliner mit diesem Thema befassten. Die gedankliche Verbindung passte, hatte doch Ludwig Devrient, der in Berlin gebürtige Schauspieler (nächste Seite), anno 1825 im Weinlokal Luther & Wegner, gewissermaßen das Wort Sekt „erfunden“. Zuvor hatte er abends auf der Bühne den „Falstaff“ gespielt. Danach zitierte er aus dieser Rolle bei seiner Bestellung „A cup of sack“. Obwohl bei Shakespeare damit Sherry oder Madeira gemeint sind, wurde Devrient sein gewohntes Lieblingsgetränk, ein moussierender Wein eingeschenkt. Schon damals gab es Medien, die etwas frei interpretierten und aus „Sack“ „Seck“ machten. Daraus wurde schließlich „Sekt“, ein Wort, das in Berlin rasch die Runde machte und bald die Stadtgrenzen hinter sich ließ …

60 Jahre später nutzte man bei Kloss & Foerster eine günstige Grundstimmung bei den Offizieren und beim späteren Kaiser Friedrich Wilhelm II., der generell deutsche Erzeugnisse bevorzugte und hier gern Sekt von Kloss & Foerster genoss, weil sich nach Ansicht des sparsamen Adeligen Geschmack und Preis auf einem vernünf-

tigen Level befanden. Beliebt war der „Kloss & Foerster Monopol“ vor allem in den Hunderten von Offizierskasinos, die es damals gab. Naheliegend war, dass das Unternehmen mit dem Offiziersverein einen lukrativen Vertrag über die regelmäßige Lieferung von exklusiven „Spezialmarken“ abschließen konnte, der neue Abnehmerkreise erschloss.

Personell gab es bald darauf einige Zäsuren. Noch 1885 verstarb als potenzieller Nachfolger für die kaufmännische Leitung Moritz Kloss jun. im Alter von nur 19 Jahren. 1888 folgte ihm als erster des Gründer-Trios Carl Foerster. Sein Sohn Rudolf wurde Nachfolger und 1889 als Mitinhaber eingetragen. Im gleichen Jahr wechselte Bernhard Otto, seit 1885 Geschäftsführer beim „Sekthaus Knabe“ in Berlin, den Standort und wurde 1890 als Teilhaber aufgenommen. Im gleichen Jahr nahm Julius Kloss Abschied von den Seinen, was zu einer Neuordnung in der Geschäftsleitung führte. Rudolf Kloss und Bernhard Otto waren nun die Chefs. Dritter im Bunde wurde 1897 Ewald Kloss, der dritte Sohn von Julius Kloss. Franz Ferdinand Knabe, seit 1859 im Haus und seit 1860 mit in der Verantwortung, war der letzte Chef aus der Gründerphase, und er nahm 1891 Abschied von dieser Erde.

Zuvor allerdings landete er noch einen Deal, als er 1889 das Weingut St. Nicolas bei Metz (rechts) auf seinen Namen kaufte und die Sektkellerei als Erbe einsetzte. So bekam Kloss & Foerster Zugriff auf besonders für die Sektproduktion geeignete Grundweine, die mit denen der Champagne vergleichbar waren.

1889 gehörte ein Dauerproblem der Vergangenheit an: Die Unstrutbahn der Stadt Freyburg wurde eröffnet; Sekt und sonstige Waren mussten nicht mehr mühselig per Pferdewagen eine Stunde lang nach Naumburg zum Weitertransport gefahren werden. Um Sekt auch im Winter unbeschadet ausliefern zu können, leistete sich Kloss & Foerster einen eigenen, heizbaren Eisenbahn-Doppelwaggon – damals der letzte Schrei der Technik, eingeweiht im Jahr 1892.

Internationale Orientierung war 1893 angesagt, als die Sektkellerei einer der 15 Betriebe war, die auf der Weltausstellung in Chicago für deutschen Sekt die Fahne hochhielten. Der Lohn war eine Goldmedaille. Weitere Auszeichnungen gab es 1894 auf einer Ausstellung in Erfurt, 1895 in Lübeck und 1896 in Berlin. Zu diesem Zeitpunkt musste Kloss & Foerster bereits mit einem gravierenden, aber lange vorher absehbaren Einschnitt bei der Markenbezeichnung leben und sich neu orientieren. Denn schon Mitte des 19. Jahrhunderts hatten andere deutsche Sektkellereien einfach französische Bezeichnungen verwendet. Besonders schlaue Schlingel führten bei ihren Kontakten mit Gastronomen immer gleich Etiketten mit, die sie nach dem Wunsch des Käufers kurzerhand auf die Flaschen aufklebten.

1865 wurde ein deutsch-französischer Handelsvertrag abgeschlossen, in dem der gegenseitige Markenschutz festgehalten wurde. Aber die Umsetzung wurde nicht praktiziert, auch nicht nach einem weiteren Gesetz im Jahr 1874. Erst als Warenbezeichnungen ab Mai 1894 rechtlichen Schutz genossen, endete das Spielchen. Kloss & Foerster bekam unliebsame Post vom Champagnerhaus Heidsieck Monopole, das sich gegen die Hauptmarke „Monopol“ aus Freyburg verwahrte. Am 1. Oktober noch des gleichen Jahres wurde nach einem wohl kurzzeitigen Prozess dem Champagner-Erzeuger die Bezeichnung „Monopol" (sowie Monopole; unten Werbung aus diesem Jahr) als alleiniges Eigentum zugesprochen. Damit hatte Heidsieck zwar kein Monopol für die Erzeugung von Champagner, aber man konnte ungestört und ohne Konkurrenz mit einem populären Begriff arbeiten – und tut es bis heute. Doch nicht gänzlich ungestört. Die Bezeichnung Monopol ist auf manchen Weinflaschen und sogar Sektflaschen zu finden. Aber hier handelt es sich nicht um Marken-Plagiate, sondern in der Regel um einen Hinweis auf eine Monopol-Herkunft, sprich auf die Einzellage eines Weines, welche ausschließlich einem Erzeuger gehört.

Der Rechtstreit von damals war noch ein spektakulärer Einzelfall gewesen. Heute gehört es fast zum Alltag der Wein- und Sektszene, dass Namen für Produkte abgemahnt werden. Vorausgegangen ist manchmal ein schamlos anmutendes Abkupfern erfolgreicher Bezeichnungen.

Vielleicht wäre die Zahlung von Tantiemen für die weitere Verwendung von „Monopol“ in Freyburg eine Lösung gewesen. Aber das wäre wohl auf Dauer eine teure Angelegenheit geworden. Man fand eine bessere Lösung, die noch heute einprägsam und nicht dem Grimm'schen Märchen entlehnt ist. Bei Kloss & Foerster gab es eine rote Kapsel auf der Flasche. Es war naheliegend, für die Sekte des Hauses die Bezeichnung „Rotkäppchen“ einzuführen. Natürlich war es reiner Zufall, dass Kontrahent Heidsieck mit seinem „Red Top“ ebenfalls einen Champagner füllte, den ein „roter Kopf“ zierte.

„Diversifikation“ war damals offenbar ein Schlagwort im Unternehmen. Im Juni 1895 wurden gleich fünf Marken zur Eintragung in das Handelsregister angemeldet: Talisman, Matador, Imperator, Triumph und Fortuna – alles positiv klingende Bezeichnungen, die es freilich – zumindest bei Rotkäppchen – nicht in die Neuzeit geschafft haben. Aber sie legen Zeugnis ab von einer erkennbaren Kreativität in der obersten Firmenleitung.

Im gleichen Jahr bekam eine junge Vereinigung einen neuen Namen, die heute noch fortbesteht: Aus dem 1892 gegründeten „Syndikat der Schaumweinfabriken“ wurde der „Verband Deutscher Schaumweinkellereien“. Schon seit vielen Jahren heißt er „Verband deutscher Sektkellereien“; 2017 feierte er sein 125-jähriges Jubiläum. Und aktuell wurde dem Aufstieg von Rotkäppchen Rechnung getragen durch die Wahl von Christof Queisser, dem Vorsitzenden der Rotkäppchen Mumm Sektkellereien, zum Präsidenten des Sektverbandes. Aber zunächst gab es gegen Ende des 19. Jahrhunderts noch bauliche Aktivitäten. 1893 wurde der Hof der Sektkellerei mit Glas überdacht. Ein wichtiger Effekt hiervon war die Abhaltung der Sonnenhitze, so dass die Keller darunter im Sommer kühl blieben. Das half, den damals immer noch empfindlich häufigen Bruch von Flaschen deutlich zu verringern. 1896 wurde ein Riesenfass mit dem Fassungsvermögen

von 120000 Liter unter der Erde aufgebaut. 25 Eichen mussten dafür herhalten. Das Schaustück ist heute noch eine der Attraktionen bei Kellerführungen, freilich unterdessen ohne weinigen Inhalt.

Die Firmenleitung bestand kurz vor dem Jahrhundertwechsel aus den Herren Rudolf Foerster, Bernhard Otto und Ewald Kloss, dem dritten Sohn von Julius Kloss. Die übrigen Mitglieder der Familien Foerster, Kloss und Knabe waren als Kommanditisten registriert – und alle stolz auf das Geschaffene. Die Keller, verteilt auf fünf in die Tiefe reichende Stockwerke, umfassten eine Fläche von 13000 Quadratmeter. Für deren Beleuchtung sorgte ein eigenes Elektrizitätswerk, erbaut von Kloss & Foerster, aufgekauft 1904 von der Stadt Freyburg. Die Grundlage für die Elektrifizierung war in Deutschland rund 20 Jahre vorher gelegt worden. 1882 wurden die ersten elektrischen Straßenlaternen in Berlin in Betrieb genommen (am Potsdamer Platz und in der Leipziger Straße). Bald folgten die ersten elektrischen Straßenbahnen. Privathaushalte mussten sich noch gedulden; sie wurden erst in der 1920er Jahren Nutznießer von Strom.

Werbung – oder Reklame – war für das Unternehmen schon früh sehr wichtig. Besonders spektakulär war 1899 eine Aktion mit der Bahn. In Freyburg startete der erste „Sekt-Sonderzug“ der Geschichte, bestehend aus 25 Doppelwaggons mit 78500 Flaschen Rotkäppchen-Sekt an Bord. Der Zug wurde zum erhofften Medienereignis. Der Einfluss der Kellerei reichte durch ihre wirtschaftliche Bedeutung weit. Ende des 19. Jahrhunderts wurde deshalb die einheitliche Schreibweise von Freyburg mit

Ypsilon durchgesetzt, nachdem es immer wieder im Postverkehr zu zeitraubenden Verwechslungen mit Freiburg im Breisgau gekommen war.

1902 kam der Reichstag auf eine Idee, mit der die Sekterzeuger bis heute – und nur mit geringen zeitlichen Unterbrechungen – zu kämpfen haben. Zur Finanzierung der kaiserlichen Kriegsflotte oder auch wegen der starken Steigerung der Ausgaben für die Wehrkraft des Landes wurde eine Schaumweinsteuer eingeführt. Auf den damaligen Durchschnittspreis von 2,50 Mark wurden 50 Pfennige aufgeschlagen. Das erbrachte Mehreinnahmen für den Staat von 5,5 Mio. Mark; diess entsprach 1905 lediglich 0,59 % der Rüstungsausgaben. Über die folgenden Jahre ließ der Kaiser noch mehrfach die Steuer erhöhen. Selbst als nach 1918 die Monarchie abgeschafft wurde, blieb die Sektsteuer bestehen, bis heute ...

Man weiß nicht, ob der Kaiser die Sektkellerei versöhnlich stimmen wollte, als er bei einem Manöver verlauten ließ: „Die Sekte von Kloss & Foerster sind sehr bekömmlich. Ich kann mit vollem Recht behaupten, dass ich es gewesen bin, der sie in vielen Offizierskasinos eingeführt hat.“ Kostenfreie Werbung waren damals auch diverse Hoflieferanten-Titel und Zeugnisse wie jenes des Südpolarforschers Erich von Drygalski, der nach einer zweieinhalbjährigen Expedition anno 1904 bestätigte, „dass sich die gelieferten Sekte vorzüglich gehalten haben und in den Tropen wie im Polarkreis gleich gut gewesen sind“.

Als die Sektkellerei 1906 ihr 50jähriges Jubiläum feierte (unten eine Flasche aus diesem Jahr), spendierten die Inhaber 60000 Mark für die Mitarbeiter und 5000 Mark für den Bau eines Krankenhauses. Die damalige Firmenleitung hatte ein Herz für ihr Team, verlangte aber auch Disziplin. Im Juli 1909 trat eine „Arbeits-Ordnung" in Kraft, aufgestellt „im Einvernehmen mit den Mitarbeitern". Übertretungen konnten demnach mit Geldstrafen geahndet werden. Die wiederum flossen in die Arbeiterkasse, aus der zum Beispiel kranke Angestellte Unterstützung bekamen oder Weihnachtsgeld zugeteilt wurde. Zu den Übertretungen gehörte übrigens „in der Fabrik Schnaps oder Bier zu trinken sowie Hering, Bückling, Zwiebeln oder stark riechende Esswaren mitzubringen". Dagegen erhielt jeder erwachsene Mitarbeiter eine halbe Flasche Wein – bereits zum Frühstück!

Ein Tiefschlag für alle deutschen Sektkellereien war die Erhöhung der Sektsteuer für bessere Schaumweine. Bei einem Preis von mehr als 5 Mark wurden 3 Mark Steuer fällig. Der Abverkauf der guten Produkte kam damit praktisch zum Erliegen. Die Konkurrenz in der Champagne freute sich. Und noch schlimmer, weil in Deutschland von da an nur mehr Billigsekte erzeugt wurden, bekamen die Produkte der deutschen Kellereien einen schlechten Ruf als Billiggetränk.

Doch dann war plötzlich alles anders, und es war mit den guten Jahren und Jahrzehnten eine Weile lang vorbei. Die politische Lage wurde bereits angespannt, da die Europäischen Kolonialmächte Krieg auf anderen Kontinenten führten, um mehr Macht und Einfluss zu bekommen und um sich neue Absatzmärkte zu erschließen. Die großen Nationen in Europa rüsteten weiter und weiter auf, begannen das Wettrüsten und schlossen Bündnisse untereinander für den Fall des Falles. Der kam schnell durch das Attentat auf den österreichisch-ungarischen Thronfolger Ferdinand und seine Gattin Sophie in der bosnischen Stadt Serajewo, die damals unter ungeliebter österreichisch-ungarischer Herrschaft stand. Der Mörder war ein Bosnier mit serbischen Wurzeln, der sich als Kämpfer für die Befreiung seiner Heimat von Wien ansah.

Kaiser Franz Joseph unterstellte, der serbische Staat stecke hinter dem gemeinen Mord vom historischen 28. Juni 1914. Einen Monat später, am 28. Juli, erklärte Österreich-Ungarn Serbien den Krieg. Dabei hatte es die volle Unterstützung des deutschen Kaisers Wilhelm II. Freilich stand auf Serbiens Seite der russische Zar Nikolaus, der wiederum mit der französischen Republik verbandelt war. Zu diesem Bündnis, der sogenannten „Triple Entente", gehörte obendrein noch das mit mächtiger Marine ausgestattete Großbritannien. Trotz dieser starken Front erklärte das Deutsche Reich Russland und damit zugleich den ihm verbündeten Franzosen den Krieg.

In Deutschland wurde der Kriegsbeginn begeistert gefeiert. Man ging von einem schnellen Sieg aus – eine fatale Prognose. Am Ende verloren im Ersten Weltkrieg etliche Millionen Menschen ihr Leben. Allein Deutschland, das so frohgemut und siegessicher in den Krieg gezogen war, beklagte am Ende 1,8 Millionen Gefallene, über vier Millionen Verwundete und mehr als sechs Millionen Gefangene. Drei Viertel der Weltbevölkerung hatten sich in der letzten Phase im Kriegszustand befunden ...

Dass in Kriegszeiten weiter Sekt produziert (und getrunken) wurde, mag etwas erstaunlich anmuten. Aber die Einschränkungen in die Produktion waren nicht sonderlich bedeutend. Kloss & Foerster war quasi „kriegswichtig", weil es Aufträge für Heereslieferungen gab. Deshalb war auch die Mitarbeiterzahl bei Kriegsbeginn und –ende weitgehend identisch. Zwar wurden neben Mitarbeitern auch die Herren Ewald Kloss und Paul Knabe zum Kriegsdienst eingezogen. Dafür wurden dem Unternehmen französische Kriegsgefangene zur Verfügung gestellt.

Mit Kriegsende wurde die Abdankung von Kaiser Wilhelm II. verkündet (9. November 1918) und der Sozialdemokrat Friedrich Ebert zum neuen Reichskanzler ernannt. Am 11. November wurde der Waffenstillstand unterzeichnet. Das Ende der Monarchie war damit gekommen, in Deutschland wurde die (Weimarer) Republik ausgerufen, die den gesamten deutschen Nationalstaat umfasste. Kriegsverlierer waren Deutschland und sein Bündnispartner Österreich-Ungarn. Sie hatten mit den unmittelbaren Kriegsfolgen ebenso zu kämpfen wie mit einer extremen Inflation, die schon 1914 ihren Anfang genommen hatte und nach Ende des Krieges zu einer dramatischen Ausweitung der Geldmenge führte, um die Staatsschulden zu beseitigen. Im November 1923 kostete beispielsweise ein Dollar 4,2 Billionen Mark. 1000- und 5000-Mark-Banknoten konnten nicht mehr in Umlauf gebracht werden, bzw. mussten mit „Milliarden"-Aufdrucken „aktualisiert" werden. Erst ab 1924 begann eine Zeit der gewissen Stabilität.

Zuvor litt zwangsläufig auch Kloss & Foerster unter den schwierigen Rahmenbedingungen für Unternehmen. Auslandsbesitz war verloren gegangen. Das Weingut bei Metz gehörte nun den Franzosen. Elsaß-Lothringen war nicht mehr zu Deutschland gehörig; damit verlor die deutsche Sektwirtschaft ein wichtiges Gebiet für Grundwein. Aber man konnte sich zumindest den deutschen Herkünften widmen. Dass im Versailler Vertrag deutschen Firmen die Verwendung der Bezeichnung „Champagne" nicht mehr gestattet wurde, wurde nicht als tragisch empfunden. Denn man nannte sich längst „Sektkellerei" und verkaufte „Sekt".

Dass Jahrzehnte später das Wort Champagne leicht abgewandelt wieder zum Zankapfel werden sollte, ahnte man damals nicht. Als in Deutschland in den achtziger Jahren des letzten Jahrhunderts allmählich Winzersekt populär wurde, fand sich auf vielen Flaschen die Bezeichnung „Methode champenoise“. Damit sollte auf die klassische Flaschengärung á la Champagne hingewiesen werden. Argumentiert wurde mit der Behauptung, man mache im Prinzip das gleiche wie die Winzer und die Kellereien der Champagne – was nicht zutreffend war. Denn in der Champagne gab es klare Vorschriften für die Rebsorten und eine Begrenzung auf hauptsächlich Pinot Noir, Chardonnay und Pinot Meunier mit Regeln für Erntemenge, vor allem aber die niedrige Pressausbeute bei der Kelterung. 1994 machte eine EU-Verordnung der deutschen Praxis ein Ende. Für in der Flasche vergorenen Schaumwein war nur mehr „Methode Classique“ (alternativ Methode traditionelle) zulässig. Heute wird oft „traditionelle klassische Flaschengärung“ als Deklaration benutzt.

Gut 70 Jahre zuvor hatten Sektkellereien andere Sorgen. In den Jahren nach dem Krieg mangelte es an Korken und Zucker. Für die Einfuhr brauchte man spezielle Genehmigungen. Kein Wunder, dass die Geschäfte schlecht liefen, zumal die Hyperinflation schwer zu verdauen war. Damals beschwerte sich die Geschäftsleitung über die Höhe der Beiträge der Handelskammer, der man gerade Ende September 1923 knapp 300 Millionen überwiesen habe. Im Oktober waren bereits mehr als17 Milliarden fällig. Auch die Preisentwicklung für Rotkäppchen-Sekt macht deutlich, wie extrem die Geldentwertung damals war: 1920 kostete eine Flasche Rotkäppchen-Sekt 30 Mark, 1922 waren es bereits 1600 Mark, im Oktober 1923 wurden für den Kauf einer Flasche 1,9 Millionen Mark fällig.

Aber die Zeiten sollten sich wieder ändern, zunächst positiv, doch dann alles andere als zum Besseren …

Das Dritte Reich, der Zweite Weltkrieg und der erste große Einschnitt

Zuerst führten die „goldenen Zwanziger Jahre" zwischen 1924 und 1929 mit einem Wirtschaftsaufschwung in vielen Industrieländern und einer Blütezeit für Kunst und Kultur zu viel Lust am Leben. Aber dann kam es nach einem Crash im Oktober 1929 an der New Yorker Börse zum anderen Extrem, einer Weltwirtschaftskrise! Sie führte schnell zum internationalen Flächenbrand, der auch Deutschland nicht ausnahm. Es kam zu einem dramatischen Produktionsrückgang mit hoher Arbeitslosigkeit. Die damals Regierenden mit Reichspräsident Hindenburg an der Spitze reagierten weitgehend hilflos und schufen so den geeignete Nährboden für die Nationalsozialisten, die schließlich 1933 die Macht übernahmen.

Als es an den Börsen krachte, knallten die Korken deutlich seltener. Die Sektkellereien mussten einen dramatischen Produktionsrückgang von 23,5 Prozent verkraften. 1929 wurden noch 10 Millionen Flaschen geleert. Im Jahr darauf nur mehr acht Millionen und 1931 schließlich lediglich 4,5 Millionen. 1932 tranken die Deutschen dann im Schnitt kaum mehr messbare 0,065 l/Kopf. Hinzu kam für die Sektkellereien, denen auf breiter Front der Ruin drohte, noch die hohe Sektsteuer; sie machte bei den billigen Sorten bis zu 100 Prozent vom Einstandspreis aus.

Am 1. Oktober 1931 blickte Kloss & Foerster auf das 75-jährige Bestehen zurück. Gefeiert wurde wohl nicht so recht, erkennbar in der Grußbotschaft der Industrie- und Handelskammer Halle: „Das Jubiläum fällt in eine Zeit schwerster wirtschaftlicher Not, die eine ungetrübte Freude nur schwer aufkommen lässt." Zu einem Problem wurde die Senkung der Verkaufspreise durch die rheinischen Sektkellereien, die damit hofften, dass der Absatz wieder etwas angekurbelt werden konnte. Kloss & Foerster musste mitziehen und radikale Preissenkungen vornehmen. Der Warenumsatz sank dennoch enorm. Auch die zwei Banken, an deren Tropf die Kellerei damals hing (Dresdner Bank, Deutsche Bank), wurden zwangsläufig unruhig. Zwar waren die Bankschulden, die sich 1930 noch auf 291 000 RM belaufen hatten, im Jahr darauf auf 202 000 RM zurückgegangen. Die Deutsche Bank Berlin mutmaßte 1931, dass der Kredit auf Dauer nicht vertretbar ist und verlangte, dass die Unkosten gesenkt werden. Vorgeschlagen wurde, dass die Fabrikation eingeschränkt oder eingestellt wird. Denn die Vorräte in den Kellern würden, bedingt durch den geringen Absatz, noch Jahre reichen. Die Verkaufszahlen lagen damals nur mehr bei 6500 Flaschen im Jahr 1931; 1932 waren es lediglich noch 4000 Flaschen.

Um die kritischen Banken etwas zu beruhigen, schöpfte die Sektkellerei etwas aus ihren Beständen ab: Der Deutschen Bank wurden 50 000 Flaschen übereignet. Wenn überhaupt, erzeugte das nur einen kurzzeitigen Effekt. Eine Kündigung des Kredits wurde angedroht, schließlich sogar der Fortbestand des Unternehmens in Frage gestellt. Die Deutsche Bank Berlin nahm Kontakt auf mit einem „bevorzugten Kunden aus der Spirituosenbranche", der – wie auch immer – offenbar genügend flüssige Mittel hatte, um eventuell zu übernehmen. Die Filiale in Halle sollte sondieren, ob man der Firma Kloss & Foerster die Einstellung ihrer Produktion oder die Übertragung der Fabrikation oder zumindest den Vertrieb auf den solventen Kunden nahe legen soll. Auch ein Verkauf war eine empfohlene Möglichkeit. Ein Druckmittel war die Rückforderung des Kredits.

Die Banker in Halle machten sich schlau, mit einem Ergebnis, mit dem wohl die wenigsten – auch nicht die Eigentümer von Kloss & Foerster – gerechnet hatten. Der potenzielle Übernehmer erteilte einen ablehnenden Bescheid, mit dem Hinweis, dass es sich bei „Rotkäppchen" um eine

„minderwertige Marke handelt, die man nicht führen wolle" – so fixiert am 27. Februar 1932. Der Entscheider hatte sich wohl nicht intensiv mit dem damaligen Stellenwert und der Qualität der Rotkäppchen-Sekte befasst.

Das Haus in Freyburg war damit erstmal gerettet. Aufatmen war angesagt, vor allem bei den persönlich haftenden Gesellschaftern Rudolf Foerster, Ewald Kloss und Paul Knabe, die seit 1931 ihr jährliches Gehalt von 12000 RM auf 9000 RM reduziert hatten. Freilich gab es hinterher immer noch einige Scharmützel mit den Banken, mit deren Verhalten man nicht glücklich war.

Dann kam es auf politischer Ebene zum Machtwechsel bei der Reichstagswahl im März 1933, als Hitlers NSDAP 43,9 Prozent der Stimmen ergatterte. Bei der nächsten Wahl im Dezember gab es nur mehr eine NSDAP-Einheitsliste, alle anderen Parteien waren bereits verboten. Die Diktatur war installiert.

Die Banken äußerten sich zum Freyburger Unternehmen plötzlich vorsichtiger, zumal noch 1933 die Abschaffung der ungeliebten Sektsteuer angekündigt wurde. Damit sollten die Kellereien mehr finanziellen Spielraum bekommen. Man kündigte Kloss & Foerster „mehr Bewegungsfreiheit" an. Die Steuer fiel schließlich am 30. November 1933. Das zeigte sofort Wirkung in der Branche. Die damals registrierten 77 deutschen Sektkellereien konnten ihren Absatz in 1934 auf fast 10 Millionen Flaschen verdoppeln. Bei Kloss & Foerster sollte der Aufschwung zunächst nur zögerlich sein; man war zulange fast nicht mehr auf dem Absatzmarkt präsent gewesen. Doch erstmals nach etlichen Jahren konnte 1937 vermeldet werden, dass man mit dem laufenden Geschäftsjahr zufrieden war. Vor allem die besseren Marken – neben „Rotkäppchen" auch der „Assmannhäuser" – füllten die lang darbenden Kassen.

Überhaupt fanden die Nationalsozialisten in den dreißiger Jahren Gefallen an der Szene und machten sich beliebt bei den Winzern, die damals schwer zu kämpfen hatten – ebenso wie die Sektbranche. Der Pro-Kopf-Verbrauch war niedrig, die teilweise ausgezeichneten Jahrgänge 1933, 1934, 1935 sowie nochmal 1937 („vorzügliche Qualität" steht in den Annalen) konnten nicht oder nicht zu vernünftigen Preisen im Absatz umgesetzt werden.

„Wein ist Volksgetränk" lautete die Parole einer Propaganda zwischen 1935 und 1937. Damals übernahmen rund 1000 Städte und Gemeinden in ganz Deutschland inklusive Ostpreußen „Weinpatenschaften" für Winzerorte. Im ganzen deutschen Reich fanden „Feste der Traube und der Weine" statt, meist organisiert von der NSDAP. Auch Umzüge standen auf dem Programm. „Saufen für den Führer" machte der Volksmund daraus. Dabei war Hitler kein Genießer und schon gar kein Weinfreund. Er war Abstinenzler und urteilte einmal über einen edlen Bordeaux, der sei nichts als ordinärer Essig. Den Genuss überließ er lieber Hermann Göring, Reichsmarschall und der Mann hinter Hitler (er ließ später nach dem Einmarsch der Deutschen in Frankreich 1940 viele Wein- und Champagner-Keller plündern). Im Zuge dieser Maßnahmen wurde im Übrigen auch die Deutsche Weinstraße in der Pfalz installiert. In dem Anbaugebiet gab es damals einen dramatischen Preisverfall und Absatzprobleme, die von den Nazis indirekt verursacht wurden. Denn viele der Winzer waren vom Handel abhängig. Aber das waren häufig Juden, die nach und nach vertrieben wurden (1940 wurde für die Pfalz „judenfrei" vermeldet). So fehlten die Abnehmer. Mit der 85 km langen Weinstraße von Schweigen-Rechtenbach an der elsässischen Grenze bis Bockenheim im Norden konnte ab 1935 der Fremdenverkehr angekurbelt werden und bekamen die Winzer Kontakt zu Endverbrauchern, der vorher nicht bestand. Auch Urlaubsfahrten wurden damals offeriert, durch den NS-Reiseveranstalter „Kraft durch Freude".

In Freyburg standen in jener Zeit personelle Veränderungen an. Paul Knabe verstarb, in 1938 wurde um Ewald Kloss getrauert. Ihm folgte sein Sohn Günther nach, der bereits 1937 in die Geschäftsführung involviert war und 1939 Prokurist wurde. Das war offensichtlich nicht ganz im Sinn von Kommerzienrat Foerster, damals 76 Jahre alt. Er scheute sich, die ganze Last der Verantwortung auf die Schulter des 34-Jährigen zu legen, auch weil dieser zu einer betont selbstständigen Geschäftsführung zu neigen schien. Aber letztendlich setzte sich Günther Kloss durch, mit der Zielsetzung, das Unternehmen weiter zu entwickeln und durch manchmal rosige und oft auch schwierige Zeiten zu führen.

Gut ausgebildet war der Mann vom Jahrgang 1903. Er hatte von der Pike auf in der Firma gelernt und kam zur weiteren Ausbildung auf die Weinbauschule und Lehranstalt Geisenheim sowie nach Reims und Epernay in der Champagne. Anschließend hatte er Volkswirtschaft in München studiert und machte noch ein Praktikum bei einem bedeutenden Versicherungsmakler. Bereits 1924 war er in das elterliche Unternehmen eingetreten.

Dass er dabei nicht mit im Strom des Nationalsozialismus schwamm und kein Anpasser und Mitläufer war, wurde nach Kriegsausbruch deutlich, als ein Kreisbeauftragter für Naumburg/Saale ein Gutachten über die Zuverlässigkeit des Unternehmens und seines Chefs einholte. Das Renommee der Firma wurde als „das denkbar beste" bezeichnet, mit der der Einschränkung, dass der Mitinhaber Günther Kloss „sich den Erfordernissen der Jetztzeit in Bdzug auf NSDAP nicht besonders gern

zur Verfügung stellt." Aber weil Foerster offiziell noch nach außen hin der maßgebende Inhaber war, hatte dieses Urteil keine Konsequenzen. Wie viel (oder wenig) der junge Kloss von Hitler und den NS-Machthabern hielt, ist auch auf einem Foto (links) von der Eröffnung eines Weinfestes noch in Vorkriegszeiten erkennbar. Während alle Herren die Hand zum Hitlergruß empor streckten, blieb die Rechte von Kloss unten ... Risikofrei war das nicht für einen jungen Ehemann. 1936 heiratete er Käte Handt, Tochter eines Gutsbesitzers aus einem kleinen Ort bei Querfurt, die ihm in Kriegszeiten zwei Kinder schenkte: Michael (1940) und Ulrich (1942). Das funktionierende Familienleben trug wohl auch dazu bei, dass die schwierigen Zeiten besser verkraftbar waren.

Mit dem Kriegsausbruch wuchsen zwangsläufig die Probleme. Transporte waren deutlich erschwert, da sämtliche Lastwagen konfisziert und sogar Pferde „eingezogen" wurden. Für Sekt gab es noch genügend Grundwein, aber die Flaschenversorgung klappte selten. Um vorzubeugen in Sachen Wein, wurde ein zweiter Produktionsbereich forciert, die Süßmost-Herstellung. Aus den Resten entstanden Apfelgelee und Pektin. In einer Kriegswirtschaft musste schließlich alles irgendwie verwertet werden. Den Grundstein dafür hatte Günther Kloss schon einige Jahre vorher gelegt. Der alkoholfreie Most wurde „Afremo" genannt.

Bei der Weinbeschaffung musste meist vorausbezahlt werden, was die Aufnahme von Krediten erforderte. Gezielt wurde nach billigen Grundweinen gesucht, weil es ohnehin für höherwertigen Sekt kaum noch Bedarf gab.

Diese Basisweine kamen unter anderem aus Frankreich, aber die Kriegsentwicklung sorgte 1944 dafür, dass diese Quelle versiegte. Hektik prägte die Phase bis zum allgemein erhofften Kriegsende. Ende 1944 wurden Räume an die National-Krupp-Registrierkassen GmbH vermietet. Damit entstand ein Wehrwirtschaftsbereich, in dem Funkmessgeräte hergestellt werden sollten. „Gefolgschaftsmitglieder" von Kloss & Foerster wurden abgestellt für buchhalterische Tätigkeiten. Günther Kloss war zu diesem Zeitpunkt schon alleiniger Chef des Hauses, weil Kommerzienrat Foerster 1943 verstorben war. Seiner verantwortlichen Tätigkeit in der Sektkellerei war es zu verdanken, dass er nicht an die Front geschickt wurde. Und sein Riecher für mögliche Probleme trug dazu bei, dass es beim Weinvorrat keinen deutlichen Aderlass gab. Alle vorhandenen Sektflaschen waren gefüllt, als von oben herab verfügt wurde, dass die Sektkellereien ihre Weinvorräte zur Verspritung abgeben müssen, um Treibstoff zu gewinnen – was auf Basis von geschlossenen Flaschen etwas zu kompliziert war. Noch bis Anfang 1945 gab es Aktivitäten in der Sektkellerei. Im April 1945 verlangte der Volkssturm Freyburg, sämtliche Arbeiter für den Endkampf abzugeben und den Betrieb zu zerstören. Auch die Brücken sollten in Freyburg gesprengt werden. Aber es gab in jener Zeit auch vernünftige Leute wie einen Offizier, der diese Maßnahmen nicht forcierte. So wurde Freyburg nicht bis zur letzten Patrone verteidigt und keine Zerstörungen angerichtet. Schließlich rückten die Amerikaner in der Stadt ein und alles kam zum Erliegen.

Günther Kloss zog schnell Bilanz und schickte Lebenszeichen an vormalige Partner. Die Post schien damals erstaunlich schnell wieder zu funktionieren. So antwortete er auf einen offensichtlichen Hilferuf eines Bekannten vom 26. Oktober 1945 bereits am 3. November, dass er im Augenblick leider nicht helfen könne. Der Grund: „Geschäftlich ist bei uns infolge des Mangels an Verbindungen mit dem Westen und der vollständig stockenden Anlieferung von Wein, Flaschen, Korken, Verschlüssen usw. gar nichts los." Der Brief schloss mit der Bemerkung, dass man zwar ohne Schaden durch die Verhältnisse gekommen sei, aber der Zukunft mit großer Sorge entgegen sehe.

Knapp zwei Wochen später, am 15. November, schrieb er noch mal an den gleichen Partner, Leo Paetsch aus Hausdorf bei Frankenberg in Sachsen, um von ihm eine Lageneinschätzung zu erbitten. Hier verwies er darauf, dass es in Freyburg teilweise zu Plünderungen gekommen sei, aber „in erträglichem Maße." Die Anlagen und Betriebsgebäude wären unversehrt und arbeitsfähig. Doch für die Wiederaufnahme der Arbeit fehlte es an allem. Und der Maschinenpark befand sich offenbar in desolatem Zustand. „An die Beschaffung von Ersatzteilen oder Reparaturen ist nicht zu denken."

Wenigstens hatte Günther Kloss keine Absatzsorgen. „Der größte Teil der Erzeugung ist vertragsgemäß an die Besatzungstruppen zu liefern", teilte er mit. „Der kleine geringe Rest wird von durchreisenden Truppenteilen mehr als restlos aufgenommen." Man darf wohl vermuten, dass die Einnahmen aus diesen „Geschäften" nicht sonderlich üppig waren. Aber bald darauf hatte der Chef in seinem eigenen Unternehmen nichts mehr zu sagen ...

Deutschland wurde von den Allierten nach Ende des Zweiten Weltkriegs Deutschland in vier Zonen aufgeteilt. Zur Sowjetischen Besatzungszone gehörten die mitteldeutschen Länder Sachsen und Thüringen, die Provinz Sachsen-Anhalt sowie Mecklenburg und Vorpommern. Berlin wurde in vier Sektoren aufgeteilt. Freyburg lag in der SBZ, obwohl hier zuerst die Amerikaner einmarschiert waren.

Als die Sowjets in ihrer Zone die Regie übernahmen, wurde schnell klar, dass einiges in Zukunft anders laufen würde und neue Rechtsnormen Einzug hielten. Für manche galt das Sprichwort „Vom Regen in die Traufe kommen". Etwa für Kloss. Da er Unternehmer war, galt er als Kapitalist, dessen Unternehmen seiner Leitung entzogen werden musste. Noch am 18. Dezember 1945 wurde der Betrieb unter eine Treuhandverwaltung gestellt. Im September 1946 teilte der Präsident der Provinz Sachsen mit, dass der Betrieb enteignet ist und in den Besitz der Provinz Sachsen übergeht. Von 1946 bis 1948 wurde das Haus als Treuhandbetrieb geführt – niemand ahnte damals, dass sich Geschichte gut 40 Jahre später wiederholen sollte ...

Kloss hatte gerade seinen vermutlich letzten Brief diktiert, als er am 16. November 1945 vom Schreibtisch weg verhaftet wurde. Um die Enteignung auf eine rechtliche Basis zu stellen, musste einige Phantasie bemüht werden. Unterstellt wurde ihm, er habe gefangene Franzosen während des Krieges schlecht behandelt. Er sei Leiter des Wehrwirtschaftsbetriebes in seiner Firma gewesen und Vertreter des Leiters des Rüstungsunternehmens „Werk Thüringen". Dass er – was zwangsweise geschah – Material der Firma Krupp eingelagert hatte, kam erschwerend hinzu. Zudem habe er 280000 Liter „Wehrmachtswein" unterschlagen, 35000 Flaschen Sekt eingemauert, um sie zu verstecken und außerdem noch für einen Geschäftspartner 1000 Flaschen wertvollen Cognac und Likör verborgen. Das reichte für eine Verurteilung zur Todesstrafe!

Gottlob mahlten die Mühlen damals langsam. Bereits am 21. Juni 1946 wurde er wieder entlassen und war dann zeitweise als Montage-Arbeiter beschäftigt, unter anderem in einem Steinbruch. Einmal verschwand er über die „grüne Grenze" in den Westen, kehrte dann aber wieder zurück, mit der Hoffnung auf einen Freispruch und vermutlich im Glauben an eine Gerechtigkeit in der sich neu formierenden Welt. Doch der Abstecher in das andere Deutschland wurde ihm übel genommen. Erneut wanderte er in Untersuchungshaft und machte dabei Bekanntschaft mit dem berühmt-berüchtigten „Roter Ochse" in Halle, einer Strafanstalt der NS-Justiz. Hier saßen bis Kriegsende einige hundert Menschen aus verschiedenen Ländern ein, gegen die vielfach Todesurteile vollstreckt wurden. Anschließend wurde das Gebäude von der sowjetischen Besatzungsmacht genutzt. Ab 1950 hatte hier das Ministerium für Staatssicherheit seine Finger drauf. Seit 1996 ist das Haus eine Gedenkstätte.

Bei der zweiten Gerichtsverhandlung wurde Kloss in allen wesentlichen Punkten der Anklage freigesprochen. Auch dass er ab 1941 Mitglied der NSDAP gewesen war, wurde ihm nicht übel genommen, sondern vielmehr festgestellt, das dies nur geschah, um überhaupt noch Lieferungen zu bekommen, aber ansonsten sogar von der Partei ermahnt worden war, weil er das Parteiabzeichen nicht trug und staatsfeindliche Äußerungen gemacht hatte.

Die Enteignung wurde allerdings offiziell nicht zurückgenommen. Rechtsstaatlich hätte Kloss vielleicht Recht bekommen. Aber ihm war wohl klar, dass bei einem Versuch, wieder in den Eigentümersessel zu klettern, es neue Repressalien von Seiten der Besatzungsmacht gegeben hätte. Und außerdem war der neue Staat, die Deutsche Demokratische Republik, bereits voll in Gründung (am 23. Mai 1949 war es dann offiziell so weit). Und in dem war für ein inhabergeführtes Unternehmen wie Kloss & Foerster – Rotkäppchen-Sekt, kein Platz. Schon 1947 firmierte die Firma als „Betrieb der Industriewerke der Provinz Sachsen-Anhalt". Am 31. Juli 1948 erfolgte die Überführung in das Volkseigentum als „VEB Rotkäppchen-Sektkellerei Freyburg/Unstrut".

Günther Kloss war damit die Existenzgrundlage entzogen. Ihm war klar, dass er in der DDR nicht weiter leben wollte und verabschiedete sich per Flucht durch die Werra in den Westen. Seine Frau und die beiden Kinder kamen 1949 nach. In Rüdesheim am Rhein kam er bei der alteingesessenen Sektkellerei Schultz-Grünlack als Kellermeister unter. Als diese 1957 an den Konkurrenten Burgeff verkauft wurde, war er gezwungen, sich selbstständig zu machen. Hier wurden alte Kontakte zur Sektfamilie Ohlig, ebenfalls in Rüdesheim wichtig. Ein Ohlig war einst in Freyburg zur Ausbildung gewesen. Man kannte sich also. In nicht ausgelasteten Kellern der kleinen-feinen Sektkellerei konnte Günther Kloss mit Hilfe der Mitarbeiter des Hauses „K & F“ wieder ins Leben rufen. Die Bezeichnung „Rotkäppchen“ hatte er sich schützen lassen – für den Westen. Das sollte sich später noch als schlaue Entscheidung erweisen. Er selbst erlebte es nicht mehr. Am 31. August 1970 traf ihn, 67 Jahre alt, ein Schlaganfall, den er nicht überlebte.

Über 40 Jahre Volkseigener Betrieb

Nach der Überführung in einen Volkseigenen Betrieb (VEB) legte ein Werksleiter im August 1947 Rechenschaft gegenüber dem Industrie-Werk Sachsen-Anhalt in Halle über den aktuellen Zustand ab. Er verwies darauf, dass die Produktion deutlich zurückgegangen sei. Es fehlte an Grundwein, der vorher von den westlichen Weinbaugebieten eingeführt wurde. Das konnte mit den „äußerst geringen Mengen aus den eigenen Weinbergen“ nicht ausgeglichen werden. Die alleinige Verwendung von Saale- und Unstrutweinen wurde als „technisch nicht möglich“ bezeichnet.

Politisch sollte es etwas dauern, bis die Weichen neu gestellt waren. Auf Betreiben der Sowjetunion wurde am 7. Oktober 1949 die Verfassung der DDR in Kraft gesetzt und damit die Teilung Deutschlands offiziell besiegelt. Zuvor schon, bereits 1946, wurden die KPD und SPD zur Sozialistischen Einheitspartei Deutschlands (SED) unter Druck der Besatzungsbehörden gegründet. Gewollt war ein Staat nach den Regeln der Sowjetunion, mit einer Einpartei-Diktatur auf Basis Marxismus-Leninismus. Der sollte über 40 Jahre bestehen…

Es ist ungemein spannend, wie sich ein ehemaliger, trotz aller Schwierigkeiten durchaus erfolgreicher und angesehener Familienbetrieb unter den neuen Rahmenbedingungen zurechtfand. Möglich war das letztlich nur durch das Engagement der Mitarbeiter, die über den eigenen Tellerrand hinausschauten, Ideen einbrachten und sich wohl auch nicht immer an starre Regeln des Staates hielten, sondern selbstständig dachten, handelten und sogar zu einer unternehmerischen Zäsur in der Lage waren.

Das gilt vor allem für den Wandel bei der Produktion des Sektes, die nach zarten Anfängen 1950 (164000 Flaschen) langsam wieder Fahrt aufnahm. Mit klassischem Sekt, denn in jener Zeit gab es bei Betrieben in Schwerin, Lockwitzgrund und Dresden-Zschieren noch etwas Konkurrenz in Form von Traubenwein, der mit Kohlensäure imprägniert war. Ebenso wurde vereinzelt Obstschaumwein erzeugt. Sekt galt keineswegs als dekadent im Arbeiter- und Bauernstaat. Zwar war der Konsum noch sehr niedrig (0,04 Flaschen/Kopf im Jahr). Aber man registrierte, dass der Sektverbrauch in der Sowjetunion schon etwas höher war (0,13 Flaschen/Kopf) und erinnerte sich vielleicht noch an eine Erklärung von Josef Stalin, der im Zusammenhang mit einem Fünf-Jahres-Plan für die russische Weinwirtschaft Sekt als „Zeichen von Wohlstand und Glück" bezeichnet hatte.

Joachim Worch, der im Oktober 1955 Betriebsleiter der VEB Rotkäppchen-Sektkellerei wurde (zweifellos eine mutige Entscheidung seiner Dienstherren, denn er war damals gerade 28 Jahre jung), übernahm die Herstellungsmethoden aus früheren Zeiten, also das klassische Flaschengärverfahren, das schon 1856 praktiziert wurde. Rüttelmeister Wolfgang Rothe schaffte zusammen mit zwei Mitarbeiterinnen 60000 Flaschen am Tag. Es war eine ermüdende, stressige, eintönige Tätigkeit, um die Hefe allmählich in den Flaschenhals zu befördern. Sie nahm aber nur einige Tage im Jahr in Anspruch, weil man von Millionen-Auflagen noch weit entfernt war. Doch man wusste, dass es auch anders ging. Obwohl der Keller damals zu gut 50 Prozent mit Rüttelpulten vollgestellt war, wurde 1956 das Transvasierverfahren eingeführt, eine Mischform zwischen der traditionellen Flaschengärung und dem später weit verbreiteten Tankgärverfahren (Methode Charmat), das für die meisten Sektmarken Anwendung findet. Transvasieren steht für Umfüllen. Ergo erfolgt zwar die zweite Gärung, bei der die Kohlensäure entsteht, in den Flaschen. Aber dann werden diese in Großbehälter umgefüllt und die Heferückstände per Filter entfernt, statt wie beim klassischen Verfahren Flasche für Flasche weitgehend händisch.

Bis 1958 liefen beide Verfahren nebeneinander in der Freyburger Sektkellerei. Dann wurde festgestellt, dass das Transvasierverfahren dem klassischen Verfahren nicht nur in der Arbeitsproduktivität überlegen ist, sondern sich auch positiv auf die Kosten auswirkt. Natürlich konnte so etwas in der Planwirtschaft mit exakten Zahlen untermauert werden: Steigerung der Produktivität 180 Prozent, Kosteneinsparung 59 Prozent. Die Rüttelpulte konnten damit ausrangiert werden. Aber die im Verkauf wertvolle Bezeichnung „Flaschengärung“ ließ sich beibehalten. Das schätzten vor allem Kunden wie die Interhotels, die gern ihren Gästen aus anderen Ländern inklusive dem Westen zeigen wollten, was die DDR an Sekt zu bieten hat. Und: Auch im Westen war diese Art der Aufbereitung auf den Etiketten zu finden. Und man wusste, dass viele Konsumenten sie trotz der günstigen Preise fälschlich mit der Champagner-Methode gleichsetzten.

Im Jahr 1958 bekam Rotkäppchen gewissermaßen Konkurrenz durch das Volkseigene Weingut Radebeul an der Elbe. Der Betrieb sollte wohl auch eine Art Vorzeigegut in der Deutschen Demokratischen Republik sein. Er war untergebracht in einem hochherrschaftlichen Barockgebäude, mit einem prächtigen Hanggarten mit Reben in der unmittelbaren Nachbarschaft. Angelegt wurde alles zwischen 1728 und 1730 von Johann Christoph von Wackerbarth, einem Minister von August dem Starken

(1670-1733), dem Kurfürsten und Herzog von Sachsen, der viel übrig hatte für Prachtentfaltung. Die Anlage wurde „Wackerbarth's Ruh" genannt. Aber Johann Christoph hatte nicht viel davon, weil er 1734 verstarb. Sein Erbe wechselte häufig den Besitzer, war mal Kinderheim, Irrenhaus, Tapetenfabrik und schließlich Stabsquartier im Zweiten Weltkrieg. Dann zogen die neuen Chefs hier ein und ließen einen Traditionsbetrieb wieder aufleben. Im nahen Lössnitz gab es einst, gegründet 1836, eine „Fabrik moussierender Weine", die spätere Sektkellerei Bussard. Weil das VEB Radebeul trotz einer Kooperation mit der Winzergenossenschaft im nahen Meißen kaum eigenen Wein erzeugte, kamen die Grundweine für die Hauptmarken „Schlossberg" und „Schloss Wackerbarth" aus Frankreich, Ungarn, Jugoslawien und Spanien. Lediglich im später nur in geringen Mengen gefüllten „Schloss Wackerbarth Riesling" befand sich Wein aus dem Elbtal.

In Freyburg rückte eine neue Technik der Sektherstellung (die im Westen Einzug in alle großen Sektkellereien gehalten hatte) in den Fokus, das Großraumgärverfahren. Es war für die Zukunft des Unternehmens und für eine absehbare Steigerung der Produktion unbedingt notwendig. Aber in einer Planwirtschaft dauerte es etwas länger, bis die Idee umgesetzt werden konnte. Nach Forschungs- und Entwicklungsarbeiten wurde noch eine Erweiterung des Produktionsbereiches für notwendig erachtet. Die Bezirksleitung der SED Halle und sonstige verantwortliche Institutionen gaben grünes Licht und genehmigten ein Investitionsvolumen von 17 Mio. Mark. In eineinhalb Jahren wurden zwei große Produktionshallen errichtet. Für die Einlagerung der Grundweine und die Gärung des Rohsektes kamen noch drei weitere Hallen hinzu. Die Kapazität belief sich 1972/73 nach Fertigstellung aller Neubauten auf 8 Millionen Liter Sekt. Man ließ es aber ruhig angehen, mit 2,6 Millionen Liter Sekt in 1973. Und nur ein kleiner Teil entfiel auf die gerade eingeführte Tankgärung.

Das sollte sich schnell ändern. Entsprechend den damaligen Planzahlen waren es 1975 bereits über 5,6 Millionen Liter, 1978 stolze 8,7 Mio. Liter und schließlich 1980 erstmals knapp über 10 Millionen Liter. Das entsprach einer Flaschenmenge von annähernd 15 Millionen (auf Basis von 0,75 l). Die Gesamtzahl der Beschäftigten lag über 300, ein Stand, der bis Ende 1989 gehalten werden konnte. Rotkäppchen galt als ein Musterbetrieb, wie anlässlich des 125-jährigen Jubiläums 1981 von offizieller Seite festgestellt wurde: „Die Entwicklung der VEB Rotkäppchen-Sektkellerei zum größten Sektproduzenten der DDR, als sozialistischer Betrieb mit vorbildlichen Arbeitsbedingungen, sozialen und kulturellen Einrichtungen ist herauszustellen und als Ausdruck der erfolgreichen Beschlüsse der SED und unserer Regierung darzustellen."

Hier schmückte sich die Politik mit fremden Federn. Denn es waren schon die Verantwortlichen in Freyburg, die wesentliche Akzente setzten und sich auch um die Mitarbeiter kümmerten. Der Bau von Wohnungen und Eigenheimen konnte unterstützt werden. Die ärztliche Versorgung war gewährleistet. Ein Sportzentrum mit Sauna, auch den nicht bei Rotkäppchen beschäftigten Bürgern zugänglich, erfreute sich großer Beliebtheit. Eine Betriebssportgemeinschaft wurde gegründet, der 1985 über 600 Mitglieder angehörten. Die Kinderbetreuung hatte einen hohen Rang. Für den Urlaub der Mitarbeiter war vorgesorgt. Es gab unter anderem betriebs- und kombinatseigene Ferienplätze – natürlich nur im Osten.

Ausgespart in der offiziellen Geschichte von Rotkäppchen werden Widerstände in der Bevölkerung wie der Volksaufstand vom 17. Juni 1953, der sich gegen den beschleunigten Aufbau des Sozialismus wandte. Obwohl im Osten im Mai 1958 die Lebensmittelrationierung abgeschafft wurden und die These verbreitet wurde, die DDR seit auf dem besten Weg, den Wohlstand der kapitalistischen Bundesrepublik zu überflügeln, wurde der junge

Staat durch massive Abwanderungen in seiner Existenz bedroht. Die Absicherung der Grenzen und vor allem der spektakuläre Bau der Berliner Mauer 1961 setzte dem ein Ende, im Verbund mit dem Ausbau des Ministerium für Staatssicherheit („Stasi") zu einem die ganze Gesellschaft durchdringenden Organ der Überwachung und Zersetzung oppositioneller Tendenzen. Der Mauerbau war für die Nachfahren der im Westen lebenden Gründer ein Schock. „Wir waren geschockt, weil damit scheinbar die endgültige Staatstrennung vollzogen war", erinnert man sich in der Familie Kloss.

All das ist Vergangenheit. Die Rotkäppchen-Sektkellerei war vielleicht so etwas wie ein Biotop in diesen kritischen Jahrzehnten. Ein gutes Führungsteam und begeisterungsfähige, wohl weitgehend zufriedene Mitarbeiter konnten marktwirtschaftliche Prinzipien durchsetzen. Man unterhielt internationale Kontakte und einen regen Erfahrungsaustausch mit Experten in Osteuropa. So trafen sich anlässlich der 125-Jahr-Feier Delegationen aus Bulgarien, der Tschechoslowakei, Jugoslawien und Rumänien in Freyburg, um sich über den technisch-wissenschaftlichen Stand der Sekterzeugung auszutauschen.

Rotkäppchen war in diesem Umfeld sicher ein führender Betrieb, der ein eigenes Kontrollsystem beim Einkauf

von Wein aus östlichen Ländern sowie aus Frankreich und Spanien aufgebaut hatte. Muster dafür wurden im Betrieb genau geprüft und analysiert. Den Einkauf besorgte die AHG-Genussmittel GmbH in Berlin. Die Güte- und Liefervorschriften waren in einem DDR-Standard gesetzlich geregelt.

Wie innovativ in Freyburg gedacht wurde, macht ein Blick in das Sortiment deutlich. Ursprünglich gab es zu Zeiten der klassischen Flaschengärung nur „Rotkäppchen trocken“ und „halbtrocken“. Später kamen noch Marken wie „Rotstern Cabinet“, „Cabinet Extra dry“, „Brut“ dazu, ebenso ein „Rosé halbtrocken“ und ein „Rotstern Dessert“. Für das „Delikatprogramm“ mit Produkten von besonderer Qualität durften es noch einige Marken mehr sein, darunter der begehrte „Freyburg 1856“. Die Interhotels waren ein bedeutender Abnehmer, der bis zur Wende jährlich rund 650 000 Flaschen abnahm.

Das Sortiment wurde immer wieder mal erweitert, gestrafft, verändert. Man wagte sich nicht erfolglos an Neuheiten wie einen Schaumwein mit zugesetzter Kohlensäure („Schloss Neuenburg“) und den schon 1971 kreierten „Mocca-Sekt“, einen süßen, kaffeehaltigen Schaumwein, der in Piccolo-Flaschen verkauft wurde. Als „Mocca Perle“ ist er immer noch zu haben. Mitte 1985 wurden 29 Sorten gefüllt, eine für DDR-Verhältnisse mit der bekannten Knappheit an vielen Lebens- und Genussmitteln extreme Zahl.

Stolz konnte man in der Sektkellerei über zahlreiche Medaillen bei internationalen Wettbewerben sein, aber vornehmlich solche in osteuropäischen Ländern, wo es – das darf man getrost unterstellen – nicht sonderlich viel starke Konkurrenz gab. Hoch war die Akzeptanz in der Bevölkerung. DDR-Bürger akzeptieren auch hohe Preise. Im Delikathandel wurden Topmarken für 28 bis 35 Mark verkauft. Das Exportgeschäft war nie ein ernsthaftes Thema, wenn man mal davon absieht, dass internationale

Schifffahrtslinien beliefert wurden. Die Bundesrepublik Deutschland kam für eine Ausfuhr nicht in Frage, weil sich hier die enteignete Familie Kloss die Namensrechte gesichert hatte. Mit einem Kunden in Österreich wurde mal ein Lizenzvertrag zur Herstellung von Rotkäppchen-Sekt abgeschlossen, aber die Produktion blieb bedeutungslos.

Sicher aufmerksam wurde in Freyburg die Sekt-Entwicklung in der Bundesrepublik verfolgt. Diese kam nach Ende des Zweiten Weltkrieges ebenfalls nur langsam in Gang, einige Jahre behindert durch die bis 1952 geltende Wiederaufbausteuer von 3 DM pro Flasche. Dann erfolgte eine Senkung auf 1 DM und deutscher Sekt begann zu marschieren. Zwischen 1952 und 1962 stieg der Absatz von 9,7 Millionen auf 87 Millionen Flaschen. Das einstige Luxusgetränk war durch billigen Grundwein-Einkauf und die kostensenkende Technik der Großraumvergärung für die Allgemeinheit erschwinglich geworden. Durch eine Aufhebung der Preisbindung in den sechziger Jahren konnte der Handel in der Preisgestaltung verfahren wie ihm beliebte. Bekannte Marken wurden oft unter Einstandspreis verkauft, um Käufer anzulocken. Populäre Namen wurden zu „Lockvögeln“, mit Preisen unter 3 DM, wohlgemerkt inklusive Sektsteuer. Eine Praxis, die auch in der Euro-Zeitrechnung oft registriert werden kann. 2,49 Euro ist ein häufiger Preis für Rotkäppchen im Regal.

Der Druck des Handels sorgte für einen Konzentrationsprozess in der Sektbranche. Motto Marktmacht kontra Marktmacht. In Freyburg sah man vermutlich mit leisem Staunen, was in der prickelnden BRD-Szene passierte. 1975 gab es vier große Sektkellereien, auf die etwa zwei Drittel der deutschen Erzeugung entfielen: Henkell mit Rüttgers Club und Carstens SC, Faber (nur mit der Marke „Krönung“, Schloss Böchingen (Feist), die Söhnlein Gruppe u.a. mit Fürst Metternich). Dann kaufte Faber Schloss Böchingen auf. Henkell tat sich mit Söhnlein zusammen. Spirituosenerzeuger Racke erwarb 1978 die Mehrheit der Mainzer Traditionsmarke Kupferberg, um sie später an Henkell weiterzureichen. Auch der kanadische Getränke-Multi Seagram mischte in diesem Geschäft durch den Einstieg bei Matheus Müller und Mumm im Rheingau mit.

Sensationell war in jener Zeit der Aufstieg des damals noch jungen, 1950 als Perlweinkellerei gegründeten Hauses Faber, das in wenigen Jahren die bekannten Marken hinter sich ließ und schließlich mit einen Absatz von 60 Millionen Flaschen zum größten Sektproduzenten Deutschlands avancierte. Die westdeutschen Sektkellereien hatten in all den Jahrzehnten nach dem Zweiten Weltkrieg gegenüber dem Betrieb in Freyburg den Vorteil, dass man sich in der scheinbar freien Marktwirtschaft bewegen und entwickeln konnte. So waren Karrieren wie Faber und natürlich auch Henkell (heute Henkell-Freixenet durch die Übernahme des spanischen Konzerns im Jahr 2018) möglich. Die beiden Häuser agieren längst international und haben eine Reihe bekannter Häuser unter ihren Fittichen.

In den achtziger Jahre hatte Rotkäppchen immer wieder mit Flaschenbruch zu kämpfen; die Qualität der Lieferungen ließ nicht selten zu wünschen übrig. Mit den Etiketten gab es ebenfalls Schwierigkeiten bei der Materialbeschaffung. Der Zukauf von Flaschen aus Ungarn und Österreich kostete – wie der Kauf von Wein aus Spanien, Frankreich und Italien - Devisen, die in der DDR rar geworden waren. Trotzdem konnten letztendlich immer noch knapp unter oder knapp über 14 Millionen Flaschen gefüllt werden. 1987 waren es sogar 15,3 Millionen Flaschen – ein Rekord in der langen Geschichte des Hauses.

Sicherlich wurde damals im deutschen Wein-Osten kritisch gen Westen geschaut und über die dortigen Auswüchse im Weinbau gelästert. Denn gerade in der ersten Hälfte der achtziger Jahre reihte sich Skandal an Skandal. Herausragende Beispiele waren die „Germanisierung“ (billige Tafelweine aus Ländern wie Italien und Frankreich erfuhren in westdeutschen Kellereien eine schamlose Umwandlung in deutschen Qualitätswein). Dann folgte das Thema Flüssigzucker (viele Erzeuger – vor allem an der Mosel – versetzten über einen längeren Zeitraum einfache Qualitätsweine mit dem analytisch damals nicht erkennbaren Flüssigzucker und machten aus sauren Einfachweinen scheinbar edle Prädikatsweine bis hin zur Trockenbeerenauslese). Die Kontrollbehörden waren lange Zeit auf beiden Augen blind. Dann folgte 1985 zunächst in Österreich Glykol. Daraus wurde schnell ein deutscher Skandal, weil in vielen Weinen durch Kontaminierung im Keller oder unerlaubten Verschnitt mit belasteten österreichischen Weinen Spuren des extraktsteigernden Mittels gefunden wurden.

Die DDR-Weine blieben skandalfrei und hatten durch die geringen Mengen, die aus der Bundesrepublik eingeführt wurden, auch kein Risiko, sich etwas wie eine Glykol-Grippe einzufangen. Während der Weinbau im deutschen Westen deutlich kriselte, schrieb Rotkäppchen kurz vor der Wende noch stattliche Umsatzzahlen (1987 im Rekordjahr 244,1 Millionen, 1988 bei etwas weniger Menge mit 14,3 Mio. Flaschen beachtliche 248,1 Millionen Mark. Im gleichen Jahr war zum 25. Mal in Folge der Titel „Betrieb der ausgezeichneten Qualitätsarbeit“ fällig.

Dass 1989 ein besonderes Jahr werden sollte, kündigte sich sehr bald an. Die Reformen des sowjetischen Staatspräsidenten Michail Gorbatschow, angekündigt im Januar 1987 mit Glasnost (Offenheit) und Perestroika (Umbau), gingen dem DDR-Regime indes zu weit. Man negierte auch die verkappte Warnung in dem Satz „Wer zu spät kommt, den bestraft das Leben“ – der in Wirklichkeit wohl lautete „Ich glaube, Gefahren warten vor allem auf jene, die nicht auf das Leben reagieren.“ Neues Denken wollte man nicht zulassen. Auch wirtschaftliches Umdenken war unerwünscht, obwohl das Land vor dem Ruin stand und nur wenige Wirtschaftsbereiche Spitzenleistungen erzielten. Die Produktivität der DDR erreichte in weiten Teilen nur etwa ein Drittel des Niveaus in der Bundesrepublik. Der Zustand der Umwelt war schlicht katastrophal.

Nach außen hin klang es schön, dass die Deutsche Demokratische Republik verkünden konnte, dass Vollbeschäftigung herrscht und es das gesetzliche Recht auf Arbeit gab. Damit ließ sich auch trefflich gegen Arbeitslosenzahlen im Westen argumentieren, die Mitte der achtziger Jahre bei knapp 10 % lagen. In der DDR hatten nach den offiziellen Zahlen alle arbeitsfähigen Bürger eine Beschäftigung. Dennoch häuften sich die Proteste auf den Straßen. Im Sommer 1989 kam es zu einer regelrechten Massenflucht, vor allem über die Tschechoslowakei.

Dass es bald darauf zu einem Fall der Mauer kommen würde, hofften vermutlich viele, aber glaubten nur wenige. Doch dann war es am Abend des 9. November 1989 so weit! Viele DDR-Bürger machten nach der Öffnung einiger Übergänge einen umjubelten Ausflug hinüber nach West-Berlin, kehrten aber wieder zurück und feierten in ihrem nicht sonderlich geliebten Zuhause. Bei Rotkäppchen wurde die sich andeutende radikale politische Wende zunächst noch nicht in den Absatzzahlen deutlich spürbar. 14,1 Millionen verkaufte Flaschen registrierte die Jahresbilanz 1989. Allerdings gab es bereits im Dezember, ansonsten ein besonders umsatzstarker Monat, deutliche Einbrüche. Unter dem Strich war es der umsatzschwächste Monat des ganzen Jahres. Denn es tauchten im Handel bereits Produkte aus der Bundesrepublik Deutschland auf, der Warenverkehr West nach Ost lief sich langsam warm. Die Qualität spielte dabei keine Rolle, es kam auch viel Ramschware über die Grenze.

Wie man bei Rotkäppchen die Grenzöffnung am 9. November empfunden hat, kann am besten der langjährige Chef Gunther Heise berichten. Er genoss damals am Abend mit Freunden aus dem Karnevalsverein Bier und

Sekt, um in einer schwierigen Zeit Ablenkung zu haben. Man vernahm, was in Berlin passiert war, ahnte aber nicht, welche Reaktionen das zur Folge haben würde. Tags drauf war eine Veranstaltung in Freyburg angesagt. „Aber der Saal war fast leer. Da ahnten wir, dass viele der Gäste bereits mit dem Trabi nach Berlin gefahren waren, um mal zumindest einen Blick in den Westen zu machen."

Interessant ist, dass Schauspieler Charly Hübner, der im TV-Film „Bornholmer Straße" den lange hin und her gerissenen Grenzbeamten spielte, der schließlich als Erster den Schlagbaum öffnete, fast die gleiche Erinnerung vom 9. November hatte. Er feierte die erfolgreiche Generalprobe seines Karnevalsclubs auf dem Dorf. Am nächsten Morgen kam der damals 16-Jährige übernächtigt in die Schule. „Kaum einer war da", erinnert er sich. „Die waren fast alle im Westen gewesen. Und ich wusste, dass die Mauer gefallen war."

Keiner ahnte vermutlich, welcher Sturm über das lange Zeit erfolgreiche Unternehmen hereinbrechen würde. Zunächst lief noch alles weiter wie gehabt. Das machte ein Besuch im Frühjahr 1990 und eine Teilnahme an einer der wöchentlichen Qualitätskontrollen der letzten Abfüllungen deutlich. Zunächst wurde Leinsamengranulat gereicht. Dieses Getränk sollte den Magen empfänglicher für Sekt stimmen. Außerdem gab es Milch. Die Verkostung war gewissermaßen eine amtliche Kontrolle im Auftrag staatlicher Organe. Bewertet wurde nach dem damals auch in der Bundesrepublik weit verbreiteten 20-Punkte-System. Die einzelnen Noten, die selten deutlich differenzierten, wurden sofort in einen Computer eingegeben, der das Ergebnis kurz darauf ausspuckte. Mal kam 19.3 raus, dann 19.0, 18.9, 18.3 und gelegentlich knapp unter

18 Punkte. Das wären nach westlichem Maßstab großartige Sekte gewesen. Aber auf dem Zettel des Gastes standen 11,5, 11.0, 10.0, 10.5 und nur gelegentlich eine wohlwollende 13.0. Lediglich eine Cabinet Cuvée brut wurde mit ordentlichen 15 Punkten bedacht – es war der teuerste Sekt der Runde. „Kostet zur Zeit 37 Mark", wurde angemerkt.

Die Herstellungsarten waren unterschiedlich. Drei Viertel der Sekte wurden damals per Tankgärung erzeugt, auf das Transvasierverfahren entfielen 5 bis 8 Prozent. Die Geschmacksrichtung hier war in der Regel brut (DDR-üblich maximal 8 g/l Dosage) oder Extra trocken, ein Naturkork war die Regel. Bei etwa 20 Prozent wurde Wein mit Kohlensäure „geimpft" (Imprägnierverfahren). Die klassische Flaschengärung war längst Vergangenheit.

Dass die Eindrücke in Sachen Qualität zwischen einem Verkoster aus dem Westen und den Mitarbeitern von Rotkäppchen so unterschiedlich waren, mag verwundern. Aber im Osten hatte man kaum Vergleichsmöglichkeiten zum Beispiel mit gutem Sekt vom Winzer. Ein richtiger Maßstab fehlte. Kritische Urteile dürften außerdem nicht erwünscht gewesen sein. Und selbst Schäumer, bei denen Kritik („nicht fein, nicht harmonisch") zu vernehmen war, bekamen im Schnitt immer noch über 17 Punkte. Das DDR-Punktesystem ließ tiefere Noten wohl nicht zu.

Zwangsläufig waren die qualitativen Eindrücke der Verkostung aus dem Jahr 1990 auch auf das Niveau der Grundweine zurückzuführen. Sie mussten im Ausland, meist im Osten Europas, zugekauft werden, trotz Devisenknappheit. So war passable, für die Sektverarbeitung gut geeignete Qualität kaum zu bekommen. Im Keller war viel Kunstfertigkeit der Macher erforderlich, um etwas Trinkbares zu erzeugen.

Was bei der Verkostung in Freyburg am meisten erstaunte, war der Arbeitsgang der Verkapselung. Dutzende von Leuten saßen in Reih und Glied und steckten mit der Hand die typische rote Kapsel auf den Flaschenhals. Handarbeit a'la DDR, von Automatismus keine Spur. Es war zu ahnen, warum damals rund 350 Mitarbeiter auf der Lohnliste standen. Und es war zu befürchten, dass sich das bald ändern und eine schwere Zeit auf das DDR-Aushängeschild zukommen würde...

Die Jahre nach der Wende und die neue Karriere

Die Mauer war geöffnet, es sollte noch ein Weilchen dauern, bis sie in ihrer Gesamtlänge von 155 km in Berlin abgetragen und auch die Grenze zwischen den beiden Staaten Vergangenheit war. 1989 war noch ein zufriedenstellendes Geschäftsjahr für Rotkäppchen gewesen. Um so radikaler war der Einbruch im Jahr darauf, als politisch vom Westen her schon die Weichen hin zu einer Wiedervereinigung gestellt wurden und dabei Bundeskanzler Helmut Kohl versicherte, man wolle niemand im Osten bevormunden, sondern für eine vernünftige Angleichung Ost an West sorgen.

Schon kurz nach der Öffnung der Mauer hatte Kohl durch die schnell erworbene Kenntnis, dass die DDR in ihrer Wirtschaft und Infrastruktur weit der BRD hinterher hinkte, ein Programm erarbeitet, das die Wiedervereinigung zum Ziel hatte. Er sprach sich damals für freie und geheime Wahlen und ein Ende der SED-Herrschaft aus. Im März 1990 fanden erstmals solche Wahlen statt, die Allianz für Deutschland und Bündnis 90 zogen in die neue Volkskammer ein.

In Freyburg änderte sich zunächst nichts. Die planwirtschaftlichen Mechanismen funktionierten noch, nur der Handel orientierte sich kaum mehr an staatlichen Vorgaben, sondern war sehr daran interessiert, Waren aus dem Westen zu listen. Der Absatz bei Rotkäppchen war im ersten Vierteljahr noch fast normal, aber dann sank er immer mehr. Die Währungs- und Sozialunion am 1. Juli 1990 beseitigte die letzten Handelsschranken; Rotkäppchen stand voll im Wettbewerb mit westlichen Produkten und hatte noch keinen Bezug zu Regalen im Westen.

Derweil setzte in Freyburg ein deutlicher Personalabbau ein. Am 1. Januar 1990 wurden noch 364 Beschäftigte und 13 Auszubildende gezählt. Bereits in halbes Jahr später waren es 131 Mitarbeiter und vier Lehrlinge weniger. Damals wurde schon die Treuhand aktiv. Diese Anstalt des öffentlichen Rechts, im Frühjahr 1990 ins Leben gerufen, sollte die Volkseigenen Betriebe der DDR (8 000 Unternehmen mit 4 Mio. Beschäftigten) nach den Grundsätzen der sozialen Marktwirtschaft privatisieren. Im „Treuhandgesetz" stand geschrieben, „dass „die Effizienz und Wettbewerbsfähigkeit der Unternehmen zu sichern sei". Alternativ wurde eine Stilllegung genannt. Dass es zu Förderungsmissbrauch und ausgeprägter Wirtschaftskriminalität kommen würde, widersprach später den guten Absichten. Beschlossen wurde die Gründung der Treuhand noch vom Ministerrat der DDR unter ihrem Vorsitzenden Hans Modrow.

Sehr schnell war die Treuhand keine Organisation der Noch-DDR mehr. Zum Zeitpunkt der Wiedervereinigung der beiden deutschen Staaten am 3. Oktober 1990 war absehbar, dass die Personal- und Sachmittelausstattung der THA unzureichend und die Behörde nur sehr eingeschränkt arbeitsfähig war. Schon im Juli hatte die Bundesregierung entschieden, dass die Führungsspitze mit marktwirtschaftlich erfahrenen Persönlichkeiten besetzt werden musste. Woher konnten diese kommen? Natürlich nur aus dem Westen, wo Marktwirtschaft gepflegt (und oft auch rigoros ausgenutzt) wurde. Das Mitspracherecht von Ostdeutschen war mehr oder weniger außer Kraft gesetzt. Die Treuhand hatte drei Grundsätze: „Schnell privatisieren, weil das die beste Form der Sanierung ist. Entschlossen sanieren, wo Zukunft möglich ist, um den

Menschen mehr Mut und Hoffnung zu machen. Und drittens: behutsam stilllegen."

Alles schöne Worte, die aber vielfach an der Realität scheiterten. Selbst Vorzeigekombinate befanden sich nicht auf dem aktuellen Stand der Technik, die meisten Unternehmen waren personell deutlich überbesetzt. Schätzungen über den Wert aller Betriebe vom Februar 1990 auf etwa 600 Milliarden D-Mark und deren Milliardenvermögen waren letztlich unrealistische Luftnummern. Vielleicht hat man von westlicher Seite zunächst auch mal in aller Vereinigungseuphorie nicht genügend hingeschaut? Einer, der damals mitten im Sturm stand, war Gregor Gysi (oben 2. v. r.), heute Mitglied des Deutschen Bundestages, und von Ende 1989 bis 1993 letzter Vorsitzender der SED-PDS und deren Nachfolgerpartei PDS. Er sieht das Schicksal von Rotkäppchen in der ersten Phase für eine Widerspiegelung der Probleme der deutschen Einheit. Von einer Zerschlagung von Unternehmen hielt er nichts, sondern setzte sich mit seiner Partei für eine Subvention der Lohnkosten ein, einhundert Prozent im ersten Jahr und dann jedes Jahr zehn Prozent weniger. „Hätte man diesen Weg beschritten, hätten alle Firmen die Chance gehabt, ihre Produkte bekannt zu machen, die Qualität zu verbessern, die Produktivität zu steigern und auch eine Umstellung bei der Herstellung neuer Produkte vorzunehmen. Westdeutsche Unternehmen wären an den Subventionen interessiert gewesen und nicht daran, eine mögliche Konkurrenz zu beseitigen. Zwar hätte es auch Insolvenzen und Arbeitslosigkeit gegeben, aber in viel geringerem Umfang." Zufrieden registriert er im Nachhinein, dass es eine Traditionsfirma wie Rotkäppchen geschafft hat, sich auf dem schwierigen Markt im Westen zu behaupten. „Der Sekt schmeckte schon zu DDR-Zeiten. Er ist deshalb so begehrt, weil er gut mundet."

Zumindest wurde bei Rotkäppchen ein wichtiger Schritt für die künftige Entwicklung gemacht, der durchaus visionären Charakter hatte und erst eine Ausdehnung in den Westen möglich machte. Die Familie Kloss füllte, damit das Markenrecht nicht erlosch, im Rheingau jährlich rund 3000 Flaschen Rotkäppchen-Sekt made in BRD, ganz nach dem Motto „man kann ja nie wissen". Man hatte auch die Markenrechte, die nach der Wende verkauft wurden. In diesem Zusammenhang war ein Besuch in Freyburg fällig, über 40 Jahre nach der Enteignung. Der langjährige Betriebsleiter Joachim Worch empfing Mitglieder der Familie Kloss, den Rechtsnachfolgern des 1945 vom Schreibtisch weg verhafteten Günter Kloss. Beide Parteien waren, so wird von der Familie berichtet, bei der Begegnung sehr aufgeregt. Und der bald darauf als Geschäftsführer der Treuhand agierende Gunter Heise, der schon 27 Jahre im Betrieb war, befasste sich mit einem Gedankenspiel über eine eventuelle Zusammenarbeit.

Daraus wurde nichts. Auch bei diversen Interessenten scheiterte eine Privatisierung. Westdeutsche Sekthäuser winkten nach ersten Kontakten wieder ab, ebenso Adelige oder schlaue Berater, die auf ein schnelles Geschäft auswaren. Manche störte der Name Rotkäppchen. „Klingt wie der Kindersaft Rotbäckchen", war ein Ablehnungsgrund. Andere argumentierten, mit dem Namen könne man allenfalls Märchenspiele verkaufen. Eine große Kellerei an der Mosel zeigte lediglich am Markenrecht Interesse, nicht aber an der Kellerei.

Derweil wurde die wirtschaftliche Situation immer kritischer. Der Absatz war in 1991 auf nur mehr eine Million Flaschen gesunken. Ein Preis von 22 Mark war nach der Währungsunion Utopie, die Konkurrenz aus dem Westen konnte locker mit fünf bis sechs D-Mark aufwarten, oder mit weniger.

Logisch, dass das deutliche Auswirkungen auf das Personal haben musste. Die Sektkellerei war größter Arbeitgeber in Freyburg. Es war in vielen Familien Tradition, dass man bei Rotkäppchen beschäftigt war, über Generationen hinweg. Wie in vielen Firmen der DDR war der Personalstand sicher aufgebläht. Kellereien im Westen mit ihren modernen Fertigungslinien konnten mit deutlich weniger Mitarbeitern erheblich mehr schaffen. Dem musste Rotkäppchen Rechnung tragen. Gunter Heise fiel die Aufgabe zu, die Kündigungsbriefe zu schreiben, etwa 300. Nur 60 Mitarbeiter konnten weitermachen. In manchen Gesprächen mit Medien meinte Heise im Rückblick, dies sei die schwierigste Aufgabe, die er je bewältigen musste. Die Konsequenz in einer Kleinstadt, in der jeder jeden kannte: „Die Betroffenen und ihre Angehörigen wechselten die Straßenseite, wenn sie mich sahen."

Dabei gehörte Heise zu Rotkäppchen wie die Perlen im Sektglas. Der 1951 geborene Sohn eines Bäckers machte ein Abitur schon in der Gegend, in Naumburg und studierte dann an der TU in Dresden Verarbeitungs- und Verfahrenstechnik. Anschließend suchte er eine feste Stelle, hatte die Wahl zwischen einer Konservenfabrik für Kindersäfte, einer Spirituosenfabrik – und Rotkäppchen. Dass er 1973 hier als junger Diplom-Ingenieur eintrat und bereits 1978 zum technischen Leiter aufstieg, sollte sich langfristig als Glücksfall für das Haus erweisen. Denn er hatte, wie einige andere Rotkäppchen-Mitarbeiter, unternehmerisches Potenzial, das viele hochnäsige Wessi's den Ostdeutschen, die nie im westlichen Ausland gewesen waren, nicht zutrauten. Zwar vertraute er der Frankfurter Allgemeinen Zeitung in einem Gespräch mal an, dass er 1991 bereits überlegt habe, wo er wohl unterkommen könnte: „Imbissverkäufer oder am Empfang in der Zahnarztpraxis meiner Frau." Es sei eine bittere Zeit gewesen, resümierte Heise, als er im Herbst 2019 von der Konrad Adenauer-Stiftung mit dem Preis „Soziale Marktwirtschaft" geehrt wurde. „Wir wussten nicht, wie es weitergehen sollte. Aber wir haben in dieser Zeit unheimlich viel gelernt."

Doch in seinem Kopf hatte sich festgesetzt, dass es das mit Rotkäppchen nicht gewesen sein kann, dass es irgendwie weitergehen musste. Er erinnert sich heute noch an die glorreichen Zeiten. „Wenn in Ostdeutschland gefeiert wurde und es saßen acht Personen am Tisch, da war unser Sekt immer dabei. Er war die neunte Person." Dann wurde er zum Geschäftsführer des Treuhandbetriebes bestellt und konnte mit Befriedigung feststellen, dass die THA trotz einer gescheiterten ersten Privatisierungsrunde Rotkäppchen nicht als hoffnungslosen Fall betrachtete, sondern sieben Millionen D-Mark für eine neue Hochleistungsabfüllanlage bereitstellte und eine neue Produktionslinie für Piccolo-Flaschen genehmigte. Damit wurden zwar nicht wieder Arbeitsplätze geschaffen, aber es konnte kostengünstiger produziert werden. Das zahlte sich aus, weil die DDR-Bürger „ihrer" Marke trotz gelegentlicher Seitensprünge die Treue hielten. Das für 1992 geplante Ziel von 4,5 Millionen verkauften Flaschen wurde mit 5,7 Millionen sogar deutlich übertroffen.

Dazu trug bei, dass Rotkäppchen auch im Westen auf zunehmende Akzeptanz stieß. Schon 1991 wagten die Freyburger den Sprung auf die Messe Anuga in Köln und betrieben mit bescheidenen Mitteln Werbung, die nicht unbeachtet blieb. Ludwig Wengenmayr, langjähriger Einkaufschef Wein von REWE, erinnert sich an eine „absolut positive Grundstimmung im Einzelhandel". Man wollte helfen und nicht auf ostdeutsche Produkte herabsehen. Bei REWE wurden zunächst Testmärkte in Niedersachsen und in West-Berlin bedient. „Ostdeutsche Betriebe wie Rotkäppchen haben schnell kapiert, was wir wollten, feilten an der Qualität und modifizierten die Ausstattung. Trotzdem haben nur wenige geglaubt, dass sie sich so etablieren." Schützenhilfe war dabei nicht unwichtig. „REWE, Edeka, Tengelmann und andere Häuser hielten sogar gemeinsame Handelstage speziell für ostdeutsche Anbieter ab", erzählt der Handelsprofi.

Die Marktforschung bestätigte, dass Rotkäppchen auf dem richtigen Weg war, freilich mit angepassten Preisen. 1992 kosteten die normalen Tankgärsekte zwischen 6,99 und 7,99 D-Mark. Für Flaschengärung (sogar mit deutschem Riesling als Grundwein) waren bis zu 11,99 D-Mark fällig. Gelistet wurde Rotkäppchen unter anderem bei REWE, Edeka, Lidl und Tengelmann sowie Karstadt und Kaufhof.

Aus dem Sanierungsfall war in kurzer Zeit eine Erfolgsgeschichte geworden. Nun musste nur noch geklärt werden, unter welcher Konstellation es langfristig weitergehen sollte. Das Thema Privatisierung war noch nicht vom Tisch, obwohl es zwischenzeitlich Anfang 1992 ausgesetzt wurde, mit der Zielsetzung, den Betrieb erst mal zu sanieren. Gunter Heise hatte zu diesem Zeitpunkt schon einiges an teilweise frustrierenden, aber auch animierenden Kontakten hinter sich. „Wir waren Anlaufpunkt für viele potenzielle Investoren“, blickte er bei der Ehrung „Soziale Marktwirtschaft“ zurück. „Die meisten wollten uns erklären, wie man es richtig macht. Ich saugte aus den Gesprächen viel für mich auf und war besonders zurückhaltend gegenüber den Unternehmen, bei denen erkennbar war, dass sie selbst geerbt, aber nichts Eigenständiges erarbeitet hatten.“ Dann war man sich in der Geschäftsleitung bewusst, dass man – so Heise – „Verantwortung für die Region übernehmen muss.“

Das war eigentlich die Zielsetzung schon gleich nach der Wende, aber damals noch nicht umsetzbar. An einer zweiten Ausschreibung beteiligte sich das Unternehmen selbst und bekam in Form eines Management-buy-out den Zuschlag. Die neben Heise leitenden Mitarbeiter Jutta Polomski, Lutz Lange und Ulrich Wiegel, mit Ausnahme von Wiegel alle schon lange im Haus, waren beteiligt, allerdings nicht alleine, sondern mit großer Unterstützung von Harald Eckes-Chantré, der gemeinsam mit seinen Töchtern Petra Roller und Christina Oelbermann 58 Prozent der Anteile übernahm. Kennen gelernt hatte Heise den westdeutschen Unternehmer Eckes-Chantré, der einer der Großen in der Getränke- und Spirituosenbranche mit Sitz in Nieder-Olm war, bei einer Feier in Nordhausen in Thüringen auf dem Gelände der Traditionsbrennerei. Offenbar war Eckes-Chantré sehr angetan vom Potenzial von Rotkäppchen, so dass er mit seiner Familie einstieg. Der mutige, sicher nicht unbedingt risikofreie Einsatz lohnte sich langfristig betrachtet durch die höchst erfolgreiche Entwicklung von Rotkäppchen, von der natürlich auch der Miteigentümer partizipierte. Später kam es sogar zu weiteren Verbindungen inklusive der Übernahme der Brennerei Nordhausen. Kenner der Szene urteilten später, dass man sich im Hause Eckes-Chantre noch heute schmunzelnd die Hände reibt, wenn man an den damaligen Deal zurückdenkt.

Dass es für das Quartett in Freyburg, in dem Gunter Heise geschäftsführender Gesellschafter wurde, nicht immer ganz einfach war, den eigenen Beitrag zu schultern, lässt eine Aussage von Heise anlässlich einer Veranstaltung zum 150-Jährigen in 2006 erkennen. Er erzählte von schwierigen Gesprächen mit den Banken und einer Ablehnung der Dresdner Bank. „Aber uns gibt es noch, die Dresdner Bank nicht mehr" (2001 wurde das schlingernde Kreditinstitut von der Allianz-Versicherung übernommen, nur der Name blieb noch einige Jahre bestehen).

Ab 1993 setzte bereits der neue Höhenflug von Rotkäppchen ein. Die alten Abnehmer in Ostdeutschland hatten ihre Lieblingsmarke wieder richtig lieb gewonnen. Zugleich erzielte die Sektkellerei bereits 10 Prozent des Umsatzes im Westen, trotz der dominant anmutenden Konkurrenz der zahlreichen Traditionsmarken Henkell & Co. Knapp 10 Millionen Flaschen wurden 1993 verkauft. Die Gärkapazität wurde durch verschiedene Maßnahmen deutlich erweitert. 1993 wurde an eine alte Tradition angeknüpft und wieder ein Wein auf den Markt gebracht, ein „Rotkäppchen Domkeller“ aus Saale-Unstrut-Weinen. Der historische Gebäudeteil der Kellerei, der von der Privatisierung abgetrennt wurde, konnte von der Treuhand noch abgekauft werden. Die Aufwendungen der Treuhand für die Modernisierung der Kellerei (immerhin 5,7 Millionen D-Mark) waren ebenfalls noch zu berappen. Aber dann konnte Rotkäppchen endlich unbelastet in eine neue Zeitrechnung starten ...

Erstaunlich im übrigen, dass eine Verstaatlichung nie ein Thema war – obwohl zwei DDR-Betriebe entsprechend umfunktioniert wurden, nämlich das VEG Bad Kösen (heute Landesweingut Kloster Pforta) und der einstige Rotkäppchen-Konkurrent VEG Radebeul (heute Sächsisches Staatsweingut Schloss Wackerbarth). Ob die Finanzminister beider Länder mit ihrem Besitz und dessen Ergebnisse zufrieden sind, sei mal dahingestellt. Vermutlich ist man bei Rotkäppchen glücklich, dass damals die Politik nicht auf die Idee kam, sich diese Sektkellerei einzuverleiben...

So konnte man ungestört nach eigenen Vorstellungen arbeiten und dabei von der Renaissance der Marke in der Bevölkerung profitieren. Es gab wenig Produkte aus DDR-Zeiten, die den Übergang bewältigten. Rotkäppchen schaffte das mit Bravour. „Das war eine Erfolgsgeschichte mit bundesweiter Ausstrahlung“, begründete die Konrad Adenauer-Stiftung 2019 die Ehrung für Gunter Heise. Und die Geschäftsleitung ruhte sich nicht auf den ersten Erfolgen im Westen aus, sondern wollte mehr. Die Zusammensetzung des Teams passte offenbar ideal. Heise vertrat das Unternehmen als Sprecher der Geschäftsleitung nach außen. Für die Technik und die Produktion waren Ulrich Wiegel (seit 1985 im Haus) und Hannelore Jankowa (seit 1980 ein „Rotkäppchen“) zuständig. Marketing war der Part von Dr. Lutz Lange (1975), die Finanzen überwachte Jutta Polomski (1981) von der Abteilung Controlling. Und im Absatz stellte der gelernte Betriebswirt und Unternehmensberater aus den alten Bundesländern, Hans-Jürgen Krieger, ab 1992 die Weichen. Er wurde von der Treuhandanstalt in Berlin vom dortigen Direktor für Nahrungs- und Genussmittel, Dr. Jürgen Haag, in Freyburg „installiert". Haag hatte sich von der Wettbewerbsfähigkeit von Rotkäppchen überzeugen lassen, war allerdings der Meinung, dass jemand in der Geschäftsleitung in punkto Marketing und Vertrieb Ahnung vom westdeutschen Markt haben sollte – was bei Krieger der Fall war. Nach einem erfreulichen Betriebsergebnis in 1993, das als „märchenhaft aufregend" bezeichnet wurde, ließ sich das Fazit ziehen, dass man die erste Bewährungsprobe in der Marktwirtschaft bestanden hat. So ließ sich locker das Jubiläum „100 Jahre Sektmarke Rotkäppchen" im Oktober 1994 feiern. Am Jahresende war dann noch ein Rekord fällig: 17 Millionen verkaufte Flaschen. Marktführer im Osten war man schon länger. Aber Krieger ließ im Zusammenspiel mit westdeutschen Werbefachleuten auch die Weichen für den Wettbewerb im Supermarktregel stellen.

Mitte 1995 gehörte Rotkäppchen bereits zu den zehn meistverkauften Marken in ganz Deutschland, und das, obwohl auf diesem Feld eher Stagnation angesagt war. Aber von Freyburg aus wurde mit einer bemerkenswerten Initiative gegengesteuert, und zwar mit Fernsehspots, bei denen diskrete Erotik die Lust am Sektgenuss steigern sollte.

Eine Offensive der anderen Art war das 1994 eingeführte „Sektival", eine Konzertreihe mit Jazz, Operette und Musical, bei der unter anderem Justus Frantz auftrat (der sich, am Rande bemerkt, einige Jahre später auf Gran Canaria als Besitzer eines Weingutes versuchen sollte, das aber trotz Schützenhilfe aus Deutschland nicht ins Laufen kam). Mit solchen Aktivitäten gelang es, das ganze Rotkäppchen-Areal zum Ziel genussfreudiger Besucher von nah und fern zu machen.

Als 1998 das Jubiläum „1000 Jahren Weinbau an Saale und Unstrut“ gefeiert wurde, war Rotkäppchen selbstverständlich im Veranstaltungsreigen vertreten. Im Jahr darauf wurde Gunter Heise als Sprecher der Geschäftsleitung das Bundesverdienstkreuz verliehen; er nahm es namens seiner Mitarbeiter entgegen. Und zum Jahrtausendwechsel ließ man bei Rotkäppchen die Korken einer exklusiven Cuvée knallen. Außerdem zeigte man Flagge mit einer neuen Homepage im Internet – und verabschiedete sich vom Werbestrategen Hans-Jürgen Krieger, der aus dem Unternehmen ausschied, nachdem die Hauptarbeit geleistet war.

In einem Rückblick etliche Jahre später erinnerte er sich an seine Anfangszeit, die organisatorisch und von den Büros („Winziger Raum mit winzigem Schreibtisch“) her ziemlich gruselig gewesen war. Aber er sei auf aufgeschlossene Kollegen getroffen, die es gern annehmen, dass ihnen einer helfen wollte. Krieger musste in dieser Zeit auch manchen Marketingexperten abwehren, der Rotkäppchen und die Ausstattung von Grund auf verändern wollte. „Wir mussten dagegen herausfinden, was früher zum Erfolg führte, nämlich zum Beispiel, dass dieser Name Bestandteil vieler wichtiger Feiern in der Familie war, bei der Taufe, der Kommunion, der Hochzeit und auch der Beerdigung nicht fehlen durfte. Und wenn man sich später an diese Ereignisse erinnerte, kam automatisch die Erinnerung an die Flaschen mit der roten Kappe auf.“ Langsam schaffte man es auch, die Logistik zu verbessern, ebenso den Automatismus im den Betriebsabläufen. Vorher sei dafür der Mensch zuständig gewesen, später half fortschrittliche Technik.

Was zum Erfolg des Unternehmens beitrug, war auch die Kooperation mit anderen Betrieben der Branche. Siegfried Boy (Jahrgang 1955), der langjährige Präsident des Weinbauverbandes und Vorstandsvorsitzender des Winzervereins Freyburg sowie diverser anderer Jobs in der Wein- und Agrarbranche („mein größter Fehler war immer, dass ich nie Nein sagen konnte") erinnert sich als leidenschaftlicher Rotkäppchen-Trinker an sehr gute Kontakte und gelegentliche Geschäfte („man hat schon mal beim Winzerverein Grundwein von Saale-Unstrut geordert, aber nur einige zehntausend Liter"). Für Veranstaltungen wurde der Lichthof der Kellerei kostenfrei zur Verfügung gestellt. Als Boy seinen 60. Geburtstag feierte, hielt Heise die Laudatio. Und wenn der Weinpräsident im Westen zum Beispiel auf einer Weinmesse mal gefragt wurde, wo denn eigentlich das Anbaugebiet Saale-Unstrut genau liegt, dann antwortete er mit einer Gegenfrage: „Kennen sie Rotkäppchen-Sekt?" Damit war alles geklärt ...

Ein wiedererstarktes Unternehmen startet durch

Das neue Jahrtausend sollte einige unternehmerische Überraschungen für Rotkäppchen beinhalten, die sich vermutlich nicht mal ein Märchendichter ausgedacht hätte, weil sie zu verwegen anmuten. Es begann mit einem kanadischen Konzern, der 1857 als kleine Brennerei in der Provinz Ontaria ins Leben gerufen wurde (exakt ein Jahr nach der Gründung von Kloss & Foerster) und sich gut hundert Jahre später, nach starkem Wachstum, auf nach Europa machte. Die Firma Seagram stieg 1984 bei der altehrwürdigen Sektkellerei Matheus Müller in Eltville (Markenzeichen „MM“ bereits seit 1894 geschützt) ein, und zuvor schon Ende der siebziger Jahre bei Mumm. Danach landeten einige Millionen und sogar Milliarden da und dort, ein Musikkonzern entstand. Aber offenbar verzettelte man sich durch die Aktivitäten in verschiedenen Branchen. Ab 1999 begann der Verkauf des einstigen Kerngeschäftes. Zu dem gehörten Champagne Perrier-Jouët und die Fruchtsaftmarke Tropicana. Seagram wurde im Jahr 2000 vom Giganten Vivendi für schlappe 34 Milliarden Dollar geschluckt. Der neue Besitzer wusste mit der Spirituosen- und Weinsparte nichts anzufangen und veräußerte sie weiter. Darunter befand sich auch das 1922 gegründete Sekthaus Godefroy H. von Mumm in Eltville, das 1970 vom gleichnamigen Weingut G. H. von Mumm im Rheingau abgetrennt wurde und – wie das Champagnerhaus G.H. von Mumm in Reims – ein Teil von Seagram war.

Plötzlich war Ende 2001 der deutsche Teil des Namens auf dem Markt, inklusive der Sektkellerei Matheus Müller mit verschiedenen Versionen der Marke „MM“. Eine Verbindung zwischen den Unternehmen Mumm und MM gab es schon sehr früh. Friedrich Franz Müller war um 1830 Einkäufer von Mumm & Co. in der Champagne, bald darauf begann er mit der Herstellung von Eltviller Moussierendem. Die Marke MM Extra wurde später durchaus populär, aber sie konnte sich trotz einer einprägsamen Werbung mit einer weiblichen Handfläche, deren Linien ein geschwungenes „MM“ aufwiesen, nicht im hart umkämpften Sektmarkt nach vorn boxen. In ihren guten Zeiten erreichte sie aber immerhin einen Absatz von rund 8,5 Millionen Flaschen, womit sie ihm guten Mittelfeld der deutschen Sektkellereien lag. Gründer war im frühen 19. Jahrhundert der Weinfachmann Matheus Müller, der ab 1811 zunächst mit einem Weinhandel startete und dann an die Söhne übergab, die in der Champagne den Umgang mit dem prickelnden Getränk gelernt hatten. Dass sein

Name später als „MM" zur verkaufsfördernden Marke wurde, war sicher eine gute Idee. Das Haus Matheus Müller hatte auch eine innige Verbindung zu Mumm: Nach dem Ersten Weltkrieg ließ Hermann von Mumm, der im Aufsichtsrat von MM saß, seine Sekte bei MM im Lohnverfahren herstellen. Fast ein halbes Jahrhundert gab es dieses Arrangement. Bei Mumm verließen in besten Zeiten stattliche 20 Millionen Flaschen die Kellerei; sie wurden in der Fachwelt als „die Deutschen mit dem trockenen Akzent" bezeichnet, weil es nur drei Geschmacksrichtungen gab: dry, extra dry und brut. Der extra dry entstammte dabei Grundweinen aus dem Rheingau. In der Werbung trat man mit dem Slogan „Der Sekt mit dem gewissen Extra" auf, garniert durch Fotos mit einem leicht erotischen Touch.

Im September 2001 vermeldete die Wirtschaftspresse: „Ostdeutscher Sekthersteller geht auf Westkurs und kauft Mumm, die Marke Jules Mumm und MM von Seagram Deutschland. Kaufpreis wird auf 270 Mio. D-Mark geschätzt" (die Euro-Einführung fand am 1. Januar 2002 statt). Die Fusion bedurfte noch der Zustimmung der Genehmigungsbehörden, aber das war eher ein Routineakt, der am 16. Januar 2002 vollendet war und zu einer Namenskorrektur führte: Seitdem lautet die Firmierung Rotkäppchen-Mumm Sektkellerei GmbH. Dass Mumm in die Firmenbezeichnung aufgenommen wurde, hat sicher etwas mit der Eingliederung der Eltviller Produktionsstätten ins Unternehmen zu tun, vielleicht auch etwas mit dem Namen selbst. Denn damit wird unterschwellig deutlich gemacht: dieses Haus hat Mumm.

Der Einstieg im deutschen Westen im Rheingau war zwar ein mutiger Schritt (den auch Miteigentümer Eckes-Chantré mit seiner Familie absegnen musste). Aber er kam zum richtigen Zeitpunkt. Dass er vermutlich für die 230 Mitarbeiter der beiden Kellereien in Eltville überraschend kam, macht eine interessante Aktivität kurz vor der Übernahme deutlich, die man fast als letzte Zuckung der Mumm'schen Kellerei ansehen kann. Damals sollte in Kooperation mit Winzer Hans-Josef Becker aus Walluf, einem Verfechter knochentrockener Weine mit Profil, ein Edelsekt auf Basis der Methode Charmat auf den Markt gebracht werden. Man wollte damit demonstrieren, dass mit sehr gutem, ausgewähltem Grundwein auch die Tankgärung erstklassigen Sekt möglich macht. Der Preis sollte bei 50 D-Mark liegen. Die Mengenvorstellung waren rund 5000 Flaschen (fürs Erste). Vorgestellt wurde der Sekt mit viel Aufwand und Lichtgeflimmer. Die Qualität wurde allgemein als beachtlich angesehen. Aber dann erwarb Rotkäppchen Mumm und machte bald darauf den nächsten Schritt mit der Übernahme der Geldermann Privatsektkellereien in Breisach am 27. Januar 2003, um die Produktpalette qualitativ nach oben abzurunden. Da Geldermann ausschließlich klassische Flaschengärung praktizierte, war ein Sekt auf hohem Preisniveau, aber aus Tankgärung, nicht mehr passend für eine Weiterpflegung im Mumm-Sortiment.

Durch die Übernahme der beiden Betriebe im Rheingau wurde zwar das Unternehmen neu strukturiert und Teile nach Eltville am Rhein verlegt, wo auch Produktionsstätten vorhanden sind. Die gab es ebenso beim badischen Deal, der im Januar 2003 im Berliner „Tagesspiegel" so verkündet wurde: „Rotkäppchen kauft Konkurrenten Geldermann in Breisach im weit entfernten Breisgau im tiefsten Baden." Ganz korrekt war die Erwähnung „Konkurrenten" nicht, weil hier im Grunde ein zum Riesen gewordenes Haus mit damals über 92 Millionen Flaschen Absatz einen Winzling schluckte, der gerade drei Millionen Flaschen verkaufte.

Aber Geldermann hatte Tradition und wurde noch vor Rotkäppchen anno 1836 von den Herren Wilhelm Deutz und Peter-Joseph-Hubert Geldermann gegründet. Das Duo war vorher für das Champagnerhaus Bollinger im

Verkauf tätig gewesen und rief das eigene Unternehmen damals in Ay im Herzen der Champagne ins Leben. Es entwickelte sich positiv und nahm neue Ziele ins Visier. Deshalb wurde 1904 eine Kellerei in Hagenau im Elsass (damals noch deutsch) gegründet. Als nach dem Ersten Weltkrieg das Elsass nicht mehr zu Deutschland gehörte, musste wieder Zoll auch für Wein gezahlt werden. Also gründete man gleich eine neue Kellerei, diesmal unter dem Namen Deutz & Geldermann in Breisach. Das Renommee des Hauses war sehr gut. Lagensekte wurden nicht angeboten, auf Jahrgangsangaben weitgehend verzichtet. Viele der Grundweine kamen aus Frankreich. Die Champagne-Abstammung des Unternehmens wurde immer deutlich gemacht.

1995 spaltete sich dieser Betrieb in die Kellerei Deutz in Ay und den Sekthersteller Geldermann Privatsektkellerei auf. Der französische Teil landete bei Louis Roederer. Geldermann war für Rotkäppchen-Mumm eine Perle im Sortiment, ein Premium-Produkt, zwar mit der Auflage von nur einigen Millionen Flaschen im Jahr, aber doch ein Aushängeschild. Ein Relaunch 2017 machte den Einzug der Marke in den Lebensmittelhandel möglich; eine gehobene Linie, die im Jahr darauf unter anderem mit Jahrgangssekt aufgelegt wurde, ergänzte das Portfolio.

Zu den Einkaufsaktivitäten des Unternehmens gehörte 2006 auch der Erwerb der Markenrechte von „Kloss & Foerster", vorher angesiedelt in einem Verbund mit der Rheingauer Sektkellerei Ohlig in Rüdesheim. Die Familie Kloss hatte die Rechte nach dem Wechsel aus dem Osten in den Westen mitgenommen. Der damalige Firmenchef Gunter Heise sprach von einer „mehr emotionalen Entscheidung, nicht von einer wirtschaftlichen Tragweite gekennzeichnet". Über den Kaufpreis wurden keine Angaben gemacht. Heute ist der „Kloss & Foerster Wappen-Sekt trocken" ein Bestandteil im Sortiment in einer Preislage von meist knapp über fünf Euro.

Die Lust am Wachstum durch Zukäufe blieb ungebrochen. Ebenfalls 2006 verkauften die Rotkäppchen-Mumm-Mehrheitseigentümer, die Familie Eckes-Chantré, die Eckes Spirituosen & Wein GmbH in Nieder-Olm gewissermaßen an sich selbst. Der traditionsreiche Spirituosenhersteller schrieb damals einen Umsatz von rund 250 Mio. Euro; über den Kaufpreis wurde Stillschweigen vereinbart. Bald darauf folgte noch die Firma Nordbrand Nordhausen, eine 100prozentige Tochter der Eckes AG. So konnte Rotkäppchen-Mumm einen bedeutenden Schritt in das Spirituosengeschäft machen, unter anderem mit den Marken Chantre, Mariacron, Echter Nordhäuser und Eckes Edelkirsch. Dass auch die Weinlinien Collection de Chantré und Passione di Julia zum Erwerb gehörten, passte zu einer neuen Strategie, im Stillwein-Bereich aktiv zu werden. 2006 wurde das Markenwein-Sortiment „Rotkäppchen Qualitätswein“ gestartet.

Im Herbst 2009 wanderte die Marke Blanchet, mit der das alteingesessene, aber damals ins Trudeln geratene Haus Racke in Bingen, lange Zeit erfolgreich war, zu Rotkäppchen-Mumm. Racke war ein Spezialist für Weinmarken und hatte einst den Amselfelder aus dem Kosovo zu einem Renner gemacht. Vom Blanchet mit verschiedenen Weinen aus Deutschland, Frankreich, Italien, Spanien und sogar Kalifornien wurden noch 2008 10,6 Millionen Flaschen verkauft. Im Jahr nach dem Verkauf musste Racke Insolvenz anmelden. Bei Rotkäppchen-Mumm erfolgte eine Reduzierung der Herkünfte auf Frankreich. Aktuell sind nach einem Etiketten-Relaunch vier Weißweine, drei Rotweine und zwei Rosé in unterschiedlichen Geschmacksrichtungen auf dem Markt (Preislage um 3 Euro).

Ende 2015 stieg das Unternehmen ins Dosengeschäft ein, durch die Übernahme der italienischen Marke Sprizzerò De Martin. Drei Varianten gibt es: Classico, Hugo und Pink Grapefruit. Die modern gestalteten 0,25-l-Dosen kosten 1,99 Euro. Ein altes Familienrezept soll hier Pate für die Zusammensetzung sein. Und weil man schon mal auf den italienischen Geschmack gekommen war, wurde 2017 die italienische Prosecco Manufaktur Ruggeri in Valdobbiadone übernommen. Der Familienbetrieb gehört zu den qualitativ führenden Produzenten des italienischen Pricklers, hat über 20 Hektar eigene Rebfläche, tummelt sich vorwiegend im höheren Preisbereich und hat als Zielgruppe Fachhandel und Gastronomie.

Beim Einkaufsbummel machte Rotkäppchen-Mumm auch nicht vor dem Handel halt. Im Frühjahr 2018 wurde die Eggers & Franke-Gruppe in Bremen mit ihren Tochtergesellschaften übernommen. E & F wurde 1804 von den Weinhändlern Georg Heinrich Eggers und Johann Heinrich Franke gegründet, handelte viele Jahrzehnte mit hochprozentigen Getränken wie Rum und begann sich erst vor rund 40 Jahren dem Weinimport zuzuwenden. Ein bald breit gewordenes Frankreich-Sortiment wurde ergänzt mit Gewächsen aus Spanien und Italien. 2003 wurden die Namensrechte des über 200 Jahre alten Bremer Weinhandelshauses Joh. Eggers Sohn erworben und auch andere Handelshäuser schlüpften unter das E & F-Dach. Fachhandel und Gastronomie wurden von Reidemeister & Ulrichs und Eggerssohn versorgt, Eggers & Franke war für Lebensmittelhandel und Cash & Carry zuständig. Um die Endverbraucher bemühten sich Ruyter & Ast sowie Ludwig von Kapff. 2014 wurden eine Reihe Premiummarken ins Sortiment aufgenommen. Damit war Eggers & Franke zu einem führenden Lieferanten des deutschen Lebensmittelhandels für Topweine und Marken-Spirituosen aufgestiegen.

Nach dem Einstieg durch Rotkäppchen-Mumm wurde verkündet, dass die Tochtergesellschaften unter Leitung des bisherigen Managements weiter eigenständig am Markt agieren. Cristof Queisser, der Vorsitzende der Geschäftsführung von Rotkäppchen-Mumm freute sich,

„dass wir ein so traditionsreiches und erfolgreiches Haus in unserer Familie begrüßen zu können. Wir sehen in der Eggers & Franke-Gruppe ein wichtiges Standbein in unserem nationalen Kernmarkt." Und ein Unternehmen, das mit gut 200 Mio. Umsatz in der Bilanz steht.

Schon im Jahr zuvor, 2017, hatte das Unternehmen eine Liaison mit einem der größten deutschen Weingüter begonnen. Das Joint Venture mit dem Weingut Markgraf von Baden war in der Branche eine Überraschung, aber durchaus logisch. Denn der Traditionsbetrieb, der 135 Hektar am Bodensee und in Durbach in der Ortenau besitzt und jährlich eine Million Flaschen füllt, tut sich solo schwer mit dem nationalen Vertrieb. Rotkäppchen-Mumm kann die Kanäle zu allen Vertriebssparten inklusive Fachhandel und Markenkompetenz sowie das Know how zum Beispiel bei der Gestaltung der Ausstattung bieten. Und man gründete ergänzend für den Verkauf von zugekauften Weinen aus Baden die Markgräflich Badische Weinbau GmbH, an der beide als wirtschaftlich unabhängige Partner mit je 50 Prozent beteiligt sind. Die Weinlinie „Elfhundertzwölf" mit Zielgruppe Lebensmittelhandel besteht aus Grauburgunder, Spätburgunder, Spätburgunder Rosé und Blanc de Noir. Der Verband der Prädikatsweingüter (VDP), bei dem der Markgraf Mitglied ist, legte kein Veto gegen die Partnerschaft ein. Das Joint Venture hilft dem Markgrafen bei der wirtschaftlichen Fortführung des Betriebs. Und Rotkäppchen-Mumm kann sich mit einem prominenten Namen in seinem immer breiter gespannten Portfolio schmücken.

Die Entwicklung im neuen Jahrtausend fand ihren zwischenzeitlichen Höhepunkt im Jahr 2018, der im April 2019 öffentlich wurde. Unternehmenschef Christof Queisser konnte verkünden, dass man eine finanzielle Schallmauer durchbrochen hatte, mit einem Umsatz von mehr als einer Milliarde Euro. Sekt hatte dabei einen Anteil von 61 Prozent am Gesamtumsatz. Wein war mit

13 Prozent beteiligt, Spirituosen mit 26 Prozent. Bei dieser Gelegenheit nahm man Abschied von dem „letzten Mohikaner", der 1993 am Management Buyout beteiligt war und lange die Erfolgsgeschichte mitschrieb. Nach Gunter Heise, Jutta Polomski und Lutz Lange, alle einst leitende Angestellte der einstigen VEB Rotkäppchen, verabschiedete sich Produktionschef Ulrich Wiegel in den Ruhestand. Nachfolger Dr. Mike Eberle kam aus der Konsumgüterindustrie.

Die Zahlen für das Jahr 2019 beinhalteten weitere Steigerungen. Der Umsatz wuchs von 1,085 Milliarden auf 1,114 Milliarden Euro. Bei Sekt und Co. wurden 193,4 Millionen Flaschen verkauft (Marktanteil 51,6 Prozent), beim Wein waren es 54,3 Millionen Flaschen. Weiteres Wachstum ist vorprogrammiert, da die Traditionssektmarke Mumm im Frühjahr 2020 ein Markenwein-Sortiment mit Riesling, Spätburgunder Rosé und Chardonnay in den Handel brachte. Damit macht man sich vielleicht selbst Konkurrenz, da es einige Rotkäppchen-Weine gibt. Aber die sind preislich tiefer angesiedelt als die Mumm-Neulinge (EVP 5,99 Euro).

Ohnehin ist es längst schwer, schon bei den Produkten, die unter „Rotkäppchen" firmieren, die Übersicht zu behalten. Es gibt Fruchtsecco unter anderem mit Himbeere, Mango und Sauerkirsche. Der alkoholfreie Bereich ist recht umfangreich geworden. Es gibt bei Sekt verschiedene Tankgär-Cuvées trocken, halbtrocken, mild, dazu Riesling, Chardonnay, Spätburgunder Rosé und Weißburgunder, die unter der Bezeichnung Flaschengärung im Transvasierverfahren erzeugt werden. Ein Weißburgunder-Sekt im klassischen Verfahren mit Saale-Unstrut-Wein sprengt den sonstigen Preisrahmen, der bis zum „Lockvogel"-Niveau 2,49 Euro im LEH hinunterreicht, deutlich: Er kostet deutlich über 10 Euro und knüpft damit preislich an einige prickelnde Produkte aus DDR-Zeiten an …

Eine schnelle Übersicht

Freyburg (Unstrut): Rotkäppchen-Sektkellerei mit den Marken Rotkäppchen-Sekt, Mocca-Perle und Rotkäppchen Qualitätswein

Eltville: Matheus Müller Sektkellerei mit Mumm, MM Extra / Blanchet / Chantré, Collection de Chantré

Hochheim am Rhein: G. H. von Mumm Sektkellerei mit Mumm-Sekt, Jules Mumm und Mumm-Wein

Nordhausen am Harz: Echter Nordhäuser Spirituosen mit Korn, Liqueur, Eckes Edelkirsch, Mariacron, Zinn 40 /Nordbrand Nordhausen u.a. mit Goldbrand, Goldkrone

Breisach: Geldermann Privatsektkellerei

Bremen: Eggers & Franke mit Tochterfirmen; Weinimport auf hohem Niveau, Verkauf an Fachhandel, Online-Handel

Valdobbiadene (Veneto): Prosecco Ruggeri

Salzburg: Sprizzero de Martin

Salem (Baden): Joint Venture mit dem Weingut Markgraf von Baden

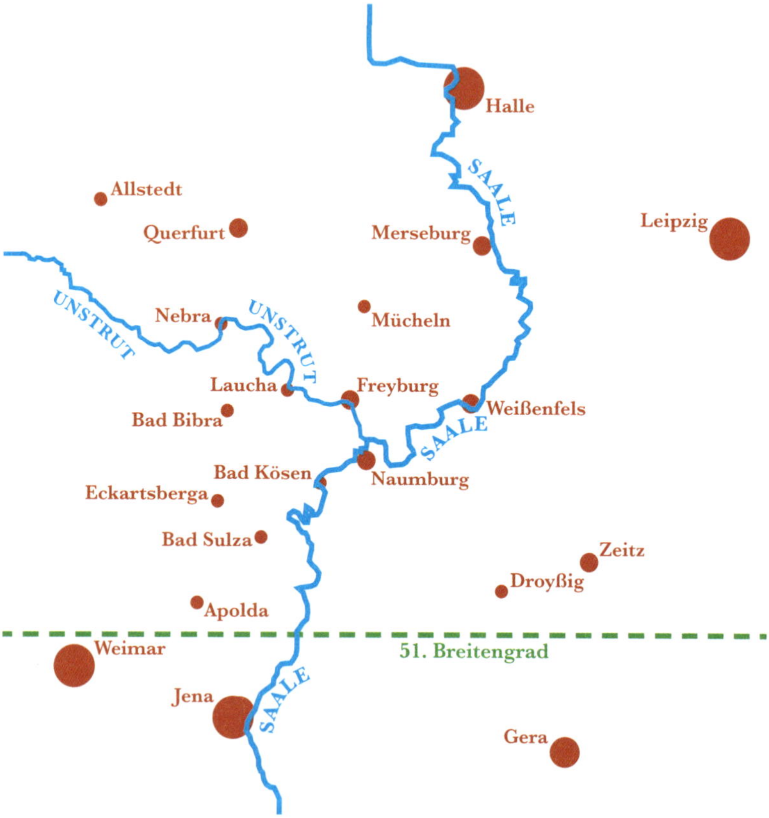
Halle
SAALE
Allstedt
Querfurt
Merseburg
Leipzig
UNSTRUT
Nebra
UNSTRUT
Mücheln
Laucha
Freyburg
Weißenfels
Bad Bibra
SAALE
Bad Kösen
Naumburg
Eckartsberga
Bad Sulza
Zeitz
Droyßig
Apolda
Weimar
51. Breitengrad
Jena
SAALE
Gera

Die Winzer

in Saale-Unstrut

Ganz viel los ist an Saale und Unstrut in Sachen Wein um das Rebenballungszentrum Freyburg / Naumburg herum, da wo unsere beiden Flüsse ineinander fließen. Es läßt sich in diesen beiden Städten prächtig auf Wein-Entdeckung gehen, so daß dies unsere erste Wein-Tour „Zwei Flüsse, zwei Zentren" mit ihren 15 Weingütern ausmacht. Um die beiden Städte herum zieht sie ein Ring von weiteren Weingütern, die den Besuch lohnen, und entsprechend formuliert dieser Ring unsere zweite Route „Ringfahrt durch die weinbaulichen Epizentren" mit 7 Destinationen. „Ferner" gibt es, im wahrsten Sinne, die nördlichen und ganz nördlichen Weingüter, wiederum 7 Güter, die wir auf der Tour »In den hohen Norden« erreichen. Schließlich 4 Wein-Plätze auf einer Ost-West Achse südliche der beiden anfänglichen Zentren, „Die südliche Ost-West-Achse" von Zeitz über Jena nach Erfurt.

Und dies sind die vier Ausflüge zu den Winzern von Saale-Unstrut, die alle ihren Reiz haben und Weingenuß garantieren, im Detail:

1. Weinreise

Zwei Flüsse, zwei Zentren – Freyburg und Naumburg

Ein kräftiger Anteil von 15 unserer 33 Weingüter ballt sich zwischen Saale und Unstrut in zwei Städten, die beide ihre sehr eigene Geschichte und ihre besonderen Schönheiten haben: Freyburg an der Unstrut und Naumburg an der Saale, knapp 10 Kilometer voneinander entfernt. Der Zusammenfluß liegt ebenso wie Freyburg-Roßbach ziemlich genau in der Mitte dazwischen. Wer hier die Wanderstiefel anzieht, aufs Touren-Fahrrad steigt oder auch im Auto die B 180 entlang cruist, erreicht knapp die Hälfte der Saale-Unstrut-Weingüter im Handumdrehen. Dass einige der hier ansäßigen Winzer zugleich Gast- oder Straußenwirtschaften, sogar Hotels oder Pensionen betreiben und überdies teils herrlich verrückte Veranstaltungen anbieten, flankiert das Weinkosten und -verkosten um so angenehmer und läßt jeden ein passendes Basislager für seine wein- und landeskundlichen Exkursionen finden:

Die Weinstube im Weingut Grober-Feetz, der Ausschank im Freyburger Zentralhaus von Weinbau am Geiseltalsee, Ferienwohnung und Gutsausschank von Weingut Deckert, das Anisium und Vinothek Weingalerie der Winzervereinigung Freyburg-Unstrut, die Gästezimmer und der Hofladen des Weingut Dr. Hage sind allein die Freyburger Adressen, an denen Verhungern und Verdursten schwerfallen dürfte. Und natürlich, der Ausflug ins Stammhaus von Rotkäppchen lohnt zusätzlich (mehr dazu im eigenen Kapitel, Seite 63).

In Naumburg ist es die Naumburger Wein- und Sektmanufaktur, die Pension mit 4 DZ, dazu einen Festkeller für Feiern sowie Garten-Ausschank betreibt, obendrein einen 1000 Jahre alten Gewölbekeller sowie einen reichhaltigen Veranstaltungskalender vorweist.

Zwischen den beiden größeren Städten kann man zudem in Naumburg-Roßbach in den Ferienwohnungen von Weingut Herzer logieren oder im Weingut Frölich-Hake zwischen Ostern und Mitte Oktober dem Gutsausschank zusprechen. Oder man wählt im Weingut von Professorin Wartenberg und Professor Sauer „Der Steinmeister" unter 8 Ferienhäusern, fröhnt der Gastronomie im Garten und besucht diverse originelle Veranstaltungen, bis hin zur „Mysteriennacht" und „Schneckenrennen".

Hier alle 15 Winzer im Überblick, dazu die wichtigsten Straßen und lohnende anderweitige Plätze …

Der Mini-Winzer

Weindomicil Raik Moh 1
Zeuchfeld 60
06632 Freyburg
SAALE-UNSTRUT
Tel. 0173 874 49 23
Raik.moh@weindomicil.de
www.weindomicil.de

Eigentümer: *Raik Moh*
Gründungsjahr: *1996*
Rebfläche: *0,1 ha*
Wichtigste Rebsorten: *Müller-Thurgau, Riesling, Grauburgunder, Weißburgunder, Spätburgunder*

Als 19-Jähriger musste sich der Freyburger Raik Moh in Wendezeiten beruflich neu orientieren. Er bekam mit, dass es im Weinbau Chancen gab. Also nahm er eine Lehrstelle bei der damals noch selbstständigen Winzergenossenschaft im fränkischen Randersacker an, machte dann die

Weinküfer- und Weinbautechniker-Ausbildung und ist heute Mitarbeiter des Landesweingutes Kloster Pforta. Aber er wollte auch etwas Eigenständiges schaffen und gründete 1996 das damals winzige und wohl immer noch kleinste Weingut vielleicht von ganz Deutschland auf Flächen in Dorndorf.

1998 konnte er einen eigenen Keller ein Zeuchfeld mit neuer Technik einrichten und geht seitdem seinem genehmigten Nebenerwerb nach. „Ich investiere viel Zeit in naturnahen Anbau und mache nur Wein, der Spaß macht und den ich und meine Frau Jana auch selbst trinken wollen“, beschreibt er sein Wirken. Obwohl es von seinen lediglich sechs Sorten nicht viele Flaschen gibt, stellt er immer wieder bei Prämierungen an und hat hier durchaus Erfolg. Die Weißweine werden in Edelstahl ausgebaut. Mit Gärungsunterbrechung sorgt er dabei auch für Weine mit etwas Fruchtsüße im halbtrockenen Bereich. Beim Spätburgunder wird Maischegärung praktiziert. Anschließend wird der Wein im kleinen Holzfass ausgebaut. Beim Preis macht er keine Unterschiede: Jede Flasche kostet 8 Euro.

Rastlos auf der Suche

Weingut Dr. Hage ②

Zeuchfeld 21
06632 Freyburg
SACHSEN-ANHALT
Tel. 034 46 282 07, Fax 276 36
Hage-zeuchfeld@t-online.de
www.weingut-dr-hage.de

Eigentümer: *Dr. Eberhard Hage*
Gründungsjahr: *1994*
Rebfläche: *23 ha*
Wichtigste Rebsorten: *Müller-Thurgau, Weißburgunder, Grauburgunder, Gutedel, Silvaner, Traminer, Dornfelder, Portugieser*
DAS GEHÖRT DAZU: *3 Gästezimmer, Veranstaltungsraum im Betrieb und im Weinberg, Hofladen, Landwirtschaftsbetrieb mit 80 ha*

Er ist ein Kind des Ortsteils Zeuchfeld, promovierte im Fach Pädagogik und war bis 1990 im Schulwesen in leitender Funktion tätig. Aber dann war für Dr. Eberhard Hage (Jahrgang 1955) die Zeit gekommen, den landwirtschaftlichen Betrieb der Familie mit damals 100 ha Ackerland fit für die Zukunft zu machen. Ab 1994 kam als Sonderkultur Wein dazu; die Trauben wurden verkauft. Mit der eigenen Weinvermarktung begann er ab 2000. Es folgten mutige Investitionen in die Erntetechnik und den Aufbau eines modernen Weinkellers.

Hier kann man heute aus dem Vollen schöpfen, aber die vorhandene Technik dennoch schonend und zur Zielsetzung guter, ausgewogener Wein einsetzen. Hage hat alle

Varianten drauf: bei Weiß trocken, feinherb oder lieblich (die Fruchtsüße wird mit Kühlung erhalten), bei Rot klassische Maischegärung, biologischer Säureabbau und Reifung in Eichenfässern. Auch Spielereien sind drin, etwa eine lang im Holz gelagerte Grauburgunder Auslese oder ein maischevergorener Orange-Wein von der Sorte Blauer Silvaner. Zu den besonderen Stärken gehören die knackige Spätlese vom Grauburgunder aus dem Mühlberg und der geschmeidige Traminer Gutswein.

Nie rasten, immer nach Neuem suchen, Reisen durch ganz Europa und dabei von anderen lernen, das gehört zu den Prinzipien des einstigen Pädagogen. In seinem Betrieb bildet er auch Landwirte und Winzer aus. Zwei Söhne, Gottfried (1989) und Christoph (1986), werden als nächste Generation das Werk des im Rentenalter angelangten Vaters fortführen.

Ein Riese hat Fuß gefasst

Winzervereinigung Freyburg-Unstrut 3

Querfurter Straße 10
06632 Freyburg/Unstrut
SACHSEN-ANHALT/THÜRINGEN
Tel. 034 464 / 30 60, Fax 30 610
info@winzervereinigung-freyburg.de
www.winzervereinigung-freyburg.de

Eigentümer: *369 Mitglieder, verteilt auf 8 große Agrarbetriebe (75 % der Rebfläche), 5 Haupterwerbswinzer (6 %) und 356 Hobbywinzer (19 %)*
Geschäftsführer: *Hans Albrecht Zieger*
Kellermeisterin: *Kathleen Romberg*
Vorstandsvorsitzender: *Marten Keil*
Gründungsjahr: *1934*
Rebfläche: *385 ha*
Wichtigste Sorten: *Müller-Thurgau, Weißburgunder, Riesling, Silvaner, Grauburgunder, Dornfelder, Portugieser, Spätburgunder*
Mitgliedschaft: *Förderverein Welterbe Saale-Unstrut, Verband deutscher Weinexporteure (VDE)*
DAS GEHÖRT DAZU: *Vinothek Weingalerie, Veranstaltungs-Location „Anisium"*

Die Winzervereinigung ist eine Macht im Anbaugebiet. Auf sie entfällt etwa 50 Prozent der Rebfläche. Und sie sorgt durch eine lang währende Partnerschaft mit dem Handelshaus Mack & Schühle im württembergischen Owen/Teck dafür, dass die Weine bundesweit gut im Lebensmittelhandel verbreitet werden und damit das Anbaugebiet auch im deutschen Westen bekannt wurde. Der

eigene Markt wird dabei nicht vergessen. Eine Zielsetzung der Geschäftsführung ist es, die Vermarktung ab Hof zu steigern. Dazu soll auch die 2017 eröffnete schmucke Location Anisium beitragen, die für Veranstaltungen aller Art geschaffen wurde. Und seit 1. Juli 2020 ist die Winzervereinigung offizieller Lieferant des Fußball-Bundesligisten RB Leipzig. Den Deal fädelte Geschäftsführer – und Fußballfan – Hans Albrecht Zieger ein (Seite 137). Seitdem werden bei Heimspielen Weiß- und Rosé-Weine aus Freyburg ausgeschenkt.

Als die Genossenschaft 1934 gegründet wurde, konnte sie gerade 34 Hektar Reben vorweisen. Die Selbstständigkeit im Raiffeisenverband musste 1951 aufgegeben werden. Von oben herab wurde eine Eingliederung in die „Vereinigung der gegenseitigen Bauernhilfe/VdgB" befohlen. Das war eine Massenorganisation für ländliche Bevölkerung in der DDR, die von der SED dominiert und geführt wurde. Aber die Kooperative konnte doch einigermaßen selbstständig agieren und war stolz auf ihren Holzfasskeller (mehr als 200 solcher Gebinde gab es in den achtziger Jahren), in dem ausschließlich Wein von

Saale-Unstrut ausgebaut wurde. Ansonsten musste für den Bedarf der Bevölkerung viel Auslandswein gefüllt werden. Improvisation war auch angesagt. Weil taugliche Edelstahlleitungen für das Umpumpen von Wein schwer zu bekommen waren, orderte man armdicke Leitungen aus Jenaer Glas.

Nach der Wende dauerte es ein Weilchen, bis die Kooperative Fuß fassen konnte. Das gelang mit der Zeit und mit viel Engagement, auch von Kellermeister Rudolf Thürkind, der 40 Jahre aktiv war, 2013 in Ruhestand ging und ihn leider nicht mehr lang genießen konnte. Er verstarb 2017 im Alter von 67 Jahren. Er hatte es in DDR-Zeiten oft wie mit Zauberhand geschaffen, korrekte Weine in die Flaschen zu bekommen.

Die Strukturen des Betriebs haben sich in der „Neuzeit" natürlich verändert. Aber es gibt immer noch eine gute Mischung von dominanten Agrarbetrieben, Privatwinzern, die mehrere Hektar bewirtschaften und gut davon leben können, sowie von zahlreichen Traubenlieferanten, die wenig Fläche haben, aber hier mit Begeisterung Reben pflegen und gesunde Trauben abliefern. Eine Besonderheit im Sortiment ist der „Wein vom Poetenweg" aus Weimarer Gemarkungen, also eine Thüringer

Flur. Der in Sachsen in seinem Weingut Schloss Proschwitz aktive Georg Prinz zur Lippe begann hier 2008 auf Anregung des Landrates mit Weinbau. Ihm wurden via EU geeignete Flächen in einem Wein-Neuland zugewiesen. Einige Jahre wurden auf 46 Hektar gute Ergebnisse eingebracht. Aber die Ernte musste im fernen Sachsen ausgebaut werden, da es dem Prinzen nicht gelang, eine eigene Kellerei zu errichten – in den in Frage kommenden Gemeinden gab es zu viel Widerstand. So verabschiedete er sich wieder aus Thüringen. Die Fläche übernahm die Winzervereinigung, da sie die nötige Kapazität für die Verarbeitung der Trauben hatte. Seitdem werden die Weine unter der Bezeichnung „Werkstück Weimar" vermarktet. Auxerrois, Grauburgunder, Sauvignon blanc, Zweigelt und Frühburgunder lassen das Potenzial schmecken, das in den immer noch jungen Anlagen steckt.

Aber jedes Jahr wird auch mit anderen Gewächsen bei den Prämierungen im Land und auf Bundesebene bewiesen, dass man auf einem ausgezeichneten Standard angekommen ist. Die Weißweine werden klassisch temperaturkontrolliert kühl vergoren. Die höherwertigen Weine dürfen nach der Gärung noch einige Monate im Holzfass reifen. Eine Spezialität wie die komplexe Grauburgunder Spätlese wird bereits im Holz vergoren und lagert dann noch einige Monate auf der Feinhefe. Bei Rotweinen ist Maischegärung Standard, danach folgt wieder, in unterschiedlichen Lagerzeiten, die weitere Reifung im Holzfass.

Besonderheiten im Sortiment sind die frostharte weiße Kreuzung Hölder (Eltern sind spezielle Klone von Riesling und Ruländer), die in Deutschland kaum mehr angebaut wird und die tschechi-

sche Rotweinkreuzung André (Blaufränkisch x St. Laurent"), bei der es nicht leicht ist, den typischen Gerbstoff im Zaum zu halten. Aber für solche Themen ist seit ein paar Jahren eine Frau im Keller zuständig:

Die gebürtige Naumburgerin Kathleen Romberg (Jahrgang 1987, vorige Doppelseite links) wurde Nachfolgerin von Rudolf Thürkind. Sie ist weinbaulich „vorbelastet". Urgroßvater und Onkel bauten Wein an. Der Vater baut Holzfässer und ist ein Lieferant der Winzergemeinschaft. „Ich wollte immer schon wissen, was in seine Fässer reinkommt", schmunzelt die Geisenheim-Absolventin (2006-2010). Nach ihrem Weinbau-Studium machte sie Praktikas in Neuseeland und beim österreichischen Riesen Winzer Krems, ehe sie zweieinhalb Jahre beim Weingut Pawis tätig war. Sie ist ein Sauvignon Blanc-Fan und arbeitet gern mit Barriques sowie großen Holzfässern. Ergo kann sie sich im Freyburger Keller wie Zuhause fühlen ...

Der erste selbstständige Winzer

Weingut Deckert 4
Schützenstraße 5
06632 Freyburg
SACHSEN-ANHALT
Telefon 0344 64 272 27, Fax 272 82
info@weingut-deckert.de
www.weingut-deckert.de

Eigentümer: *Florian Deckert*
Gründungsjahr: *1990*
Rebfläche: *15 ha*
Wichtigste Rebsorten: *Müller-Thurgau, Bacchus, Weißburgunder, Grauburgunder, Spätburgunder*
DAS GEHÖRT DAZU: *Ferienwohnung im Hof und im Weinberg, Gutsausschank*

Er hatte Mut, Durchsetzungsvermögen und das Können, überzeugenden Wein zu machen. Klaus Remo Deckert, dessen Familie in DDR-Zeiten Trauben an die Freyburger Genossenschaft ablieferte, machte sich im Sommer 1990 als Winzer selbstständig und gründete damit das erste private Weingut im deutschen Osten. Der erste Wein wurde noch in Müncheroda gekeltert, wo sich der bäuerliche Familienbetrieb der Deckerts mit Tierproduktion befand. Schnell fiel er mit der Qualität seiner Weine auf und war gut unterwegs – bis er 1996 tödlich verunglückte. Der jüngere Bruder Florian, ein gelernter

Dachdecker (Jahrgang 1971), sprang danach in die Bresche und holte die Ausbildung als Winzer und Wirtschafter für landwirtschaftliche Unternehmen nach.

Längst hat das Weingut einen geräumigen, auch für Veranstaltungen geeigneten Sitz mitten in einem malerischen Teil von Freyburg direkt neben dem Schützenheim. Die Rebfläche wurde sukzessive erweitert; einige der Areale gehören zu den Spitzenlagen in der Region. Wein-Stärken sind sicherlich der bei der Kundschaft beliebte, angenehm

herbe Bacchus, der herzhafte Müller-Thurgau und der gehaltvolle Chardonnay, der in Barriques Feinheiten entwickelt. Für die Vinifikation ist inzwischen Florians Tochter Lisa Weineck verantwortlich, die in Weinsberg die Ausbildung zur Technikerin für Weinbau und Oenologie absolvierte. Sie erzählt stolz vor der Stabilität der Weine aus Klaus-Remos Zeiten: „Der 92er Portugieser schmeckte kürzlich wie ein junger Wein."

Spaß und Leidenschaft

Weingut Grober-Feetz 5

Mühlstraße 32
06632 Freyburg
SACHSEN-ANHALT
Tel. 034 464 355 836, 0179 746 09 67
Weinhaus-groberfeetz@web.de
www.grober-feetz.de

Eigentümerin: *Stephanie Grober-Feetz*
Gründungsjahr: *2012*
Rebfläche: *2 ha*
Wichtigste Sorten: *Riesling, Weißburgunder, Grauburgunder, Portugieser, Spätburgunder*
Das gehört dazu: *Weinstube*

K*ein derber Spaß* wird auf der Homepage des Weingutes versichert. Denn der Familienname von Kellermeisterin Stephanie lautet Grober-Feetz. Man spielt damit auf die Bezeichnung „Fez" an, die Spaß, Ulk oder Unfug bedeutet. Spaß kann man mit den Weinen des noch jungen Betriebes haben, etwa mit Stephanies Liebling Weißburgunder oder dem von der Saale-Unstrut-Vinothek besonders gelobten Silvaner, dem Riesling, Grauburgunder und Regent. Stress hatten Stephanie (Jahrgang 1987) und ihr Mann Tino Feetz (1969) in der Anfangszeit des Weingutes sicher auch. Aber sie bezeichnen sich als „Winzer aus Leidenschaft"

und fanden sich deshalb schnell in der Selbstständigkeit zurecht.

Sie machte vorher einen Abschluss als Werbegestalterin, er war früher Bergmann. Gemeinsam bewirtschafteten sie 0,25 Hektar im Freyburger Schweigenberg. Nachdem sie 2012 eine Winzerausbildung abgeschlossen hatte, wurde die schon länger gehegte Idee eines eigenen Weingutes umgesetzt, zunächst im heimischen Hof und Keller. Die erste Ernte reichte für 1300 Flaschen. Aber die Fläche wuchs mit Fluren im Mühlberg und Großjenaer Blütengrund. So wurde schließlich ein alter Kornspeicher mit Wirtschaftsgebäude im Areal der alten Burgmühle nach liebevoller Sanierung neue Wein-Heimat. Hier werden die Weine im Edelstahl und Holz (vor allem Rot) sorgsam ausgebaut. 2016 konnte sogar ein Eiswein vom Portugieser gewonnen werden.

Reben in der einstigen Mondlandschaft

Weinbau am Geiseltalsee 6
Ehrauberge 25
06632 Freyburg
SACHSEN-ANHALT
Tel. 034464 271 33, 0160 153 63 76, Fax 35 90 77
info@weinbau-am-geiseltalsee.de
www.weinbau-am-geiseltalsee.de
www.weinpatenschaften.de

Eigentümer: *Lars Reifert*
Gründungsjahr: *2000*
Rebfläche: *5 ha*
Wichtigste Sorten: *Müller-Thurgau, Weißburgunder, Cabernet Mitos*
Das gehört dazu: *Ausschank am Weinberg „Goldener Steige" am Geiseltalsee von April bis Oktober, in Freyburg Hofladen / Möglichkeit zur Rebstock-Patenschaft*

Dort, wo heute der Geiseltalsee nördlich von Naumburg eine Touristenattraktion ist, wurde von 1698 bis 1993 Braunkohle abgebaut. Geblieben war ein riesiges Restloch bei Braunsbedra, das der Freyburger Rolf Reifert 1994 trotz Absperrung in Augenschein nahm. Dabei fiel dem Weinfreund auf, dass

sich auf dem Gelände, das wie eine Mondlandschaft aussah und zur Flutung anstand, eine Südhanglage mit sanfter Neigung befand, die nach seiner Einschätzung ideal für Weinbau sein könnte. Der Mann vom Jahrgang 1947 konnte seine Familie für diese Idee gewinnen.

Sie fanden fachliche Unterstützung unter anderem bei der Erfurter Fachhochschule für Gartenbau und sogar bei der Forschungsanstalt für Weinbau in Geisenheim. Und sie bearbeiteten zuständige Behörden und Institutionen intensiv, so dass diese nach drei Jahren ihren anfänglichen Widerstand einstellten und den Weinbau genehmigten. Mit etwas mehr als einem Hektar Müller-Thurgau wurde 2000 der Anfang gemacht. Nachdem die EU später durch Zuteilung von notwendigen Kontingenten den Segen für weiteren Ausbau in einem zunächst nicht für Wein vorgesehenen Gebiet gab, konnte die Fläche erweitert werden. Dabei wurde auf die Kosten geachtet. Vater Reifert nutzte 2005 die Gelegenheit, 2000 Stöcke Cabernet Mitos zu erwerben, die als Dekoration für die damalige Messe „Weinwelt München" im Olympiastadion auf den Zuschauertribünen dienten. „Ein Schnäppchenpreis" war zu bezahlen.

Ein eigener Keller musste nicht angeschafft werden. Der Ausbau kann im Weingut Seeliger in Naumburg-Beuditz erfolgen, ob dauerhaft, war zum Zeitpunkt der Drucklegung nicht bekannt. Denn Winzer Seeliger weiß nicht, wie es langfristig weitergeht. Aber Gutschef Lars Reifert meint: „Wir könnten auch eine eigene Kellerei stemmen." Die Weißweine werden nach Ganztraubenpressung im

Stahltank ausgebaut. Bei den Rotweinen wird offene Maischegärung praktiziert. Stolz ist man besonders auf den Cabernet Mitos aus dem Barrique und bei Weiß auf eine Solaris Auslese.

Der Weinberg, der sich im Eigentum der Familie Reifert befindet, bekam den Namen „Goldener Steiger" als Erinnerung an den untergegangenen Braunkohletage-

bau. Von dem ist heute nichts mehr zu sehen. Die 18,4 Quadratkilometer große, bis zu 78 Meter tiefe Wasserfläche nimmt die Sonnenwärme auf und gibt sie nachts an den Rebhang mit seinen 25 % Steigung ab (ursprünglich waren es 30 %, aber durch den Expertenrat wurde etwas abgeflacht). Auszeichnungen für die Umsetzung einer zunächst fast verrückt anmutenden Idee von Senior Rolf Reifert gab es inzwischen einige, etwa einen Zukunftspreis im Jahr 2008 für den „innovativsten Weinberg“ von der BASF, den „Gründer des Jahres“ in 2010 von der Superillu und der Mittelstandsbank sowie zuletzt die Aufnahme in die Riege der „Schönsten Weinsichten Deutschlands“ durch das Deutsche Weininstitut.

Das Weingut beschäftigt die ganze Familie. Lars Reifert (Jahrgang 1977), der Sohn von Rolf, bis 2019 noch hauptberuflich bei der Trinkwasserversorgung Saale-Unstrut aktiv, konzentriert sich voll auf den Weinbau. Der Ausschank am Weinberg avancierte inzwischen zum Renner und hat am Verkauf einen Anteil von rund 40 Prozent.

Ein Pfälzer Pionier im deutschen Osten

Weingut Herzer 7
Am Leihdenberg 7
06618 Naumburg-Roßbach
SACHSEN-ANHALT
Tel. 034 45 202 198, Fax 202 209
info@weingut-herzer.de
www.weingut-herzer.de

Eigentümer: *Stephan Herzer*
Gegründet: *1992*
Rebfläche: *22 ha*
Wichtigste Rebsorten: *Weißburgunder, Müller-Thurgau, Grauburgunder, Silvaner, Bacchus, Riesling, Dornfelder, André, Zweigelt*
DAS GEHÖRT DAZU: *Ferienwohnung*

Der pfälzische Zungenschlag von Stephan Herzer kommt nur noch durch, wenn er mit jemand in der alten Heimat telefoniert. Ansonsten hat sich der gebürtige Grünstadter bestens im Anbaugebiet Saale-Unstrut akklimatisiert. Schließlich war er einer der Allerersten, der bald nach der Wende aus dem Westen in den Osten ging. Erste Kontakte gab es vorher, als er sich nach Lehrjahren in Württemberg und im Rheingau während des Weinbau-Studiums in Geisenheim mit dem Thema Währungsreform beschäftigte. Dass er Winzer wurde, war ihm nicht in die Wiege gelegt worden. „Wir hatten Zuhause keine Reben, aber ich werkelte schon in der Jugend mit Freunden im Weinberg und wusste damals schon, dass Wein meine Berufung war." 1992 begann er mit Weinbau, zunächst auf gepachteter Fläche. Seine Trauben lieferte er bei der Winzergemeinschaft Freyburg ab, wo er sich auch einige Jahre als Vorstandsmitglied einbrachte.

Noch intensiver wurde die Verbindung des Pfälzers mit Sachsen-Anhalt durch die Hochzeit mit der Winzertochter Andrea Wahrn, die 1991/92 Gebietsweinkönigin war. Als die beiden Söhne Lukas (1996) und Markus (1998) geboren waren, wurde es Zeit, die Zukunft richtig zu planen. Im Naumburger Ortsteil Roßbach konnte ein alter Bauernhof erworben werden, der zum Weingut umfunktioniert wurde. Rebfläche hatte Herzer nach und nach gekauft, nicht irgendwie verschachtelt, sondern so, dass er Zugriff auf kompakte, gut zu bewirtschaftende Flächen vor allem in der Lage Naumburger Steinmeister bekam. Bewältigt wird das alles, wie er hervorhebt, „von einer treuen und gut ausgebildeten Belegschaft." Besonders stolz ist er auf einen Weinberg, den er nur pachten konnte, weil hier die Stadt Naumburg die Finger drauf hat. Es handelt sich um 0,5 Hektar Riesling in einer steilen Flur von Großjena, die sich einst der berühmte Bildhauer, Maler und Grafiker Max Klinger (1857-1920) anlachte, oberhalb der Reben seinen Wohnsitz einrichtete und auf diesem Gelände auch seine letzte Ruhestätte fand. Dieser Weinberg wird von den beiden Söhnen Lukas und Markus bewirtschaftet, die beide in Geisenheim Weinbau studieren.

Sie werden einmal in einen funktionierenden Betrieb einsteigen. Aber vorläufig schafft der Vater (Jahrgang 1963) noch an und ist glücklich über reichlich Erfolge bei Prämierungen mit den besten Rotwein beim Mit-

teldeutschen Weinpreis 2017 für einen Zweigelt und den 1. Platz beim Internationalen Müller-Thurgau-Preis für den Jahrgang 2017. „Die Sorte hat bei uns einen ganz anderen Stellenwert als in den westlichen Anbaugebieten und wird auch mehr gepflegt und im Potenzial ausgereizt", meint Herzer. Ein Star im Sortiment ist auch die Ortega Trockenbeerenauslese 2018 mit dem vermutlich höchsten Mostgewicht, das jemals an Saale-Unstrut registriert wurde (246 Grad Oechsle). Ein besonderer Liebling von Stephan Herzer ist die rote Kreuzung André, die nur an Saale-Unstrut angebaut wird und in diesem Weingut einen saftigen, druckvollen Rotwein sowie einen herzhaften Rosé ergibt.

Die fröhlichen Frölichs

Weingut Frölich-Hake 8

Am Leihdenberg 11
06618 Naumburg-Roßbach
SACHSEN-ANHALT
Tel. 034 45 266 800, Fax 266 801
Weingut-foelich-hake@t-online.de
www.weingut-froehlich-hake.de

Eigentümer: *Volker Frölich*
Gründungsjahr: *1997*
Rebfläche: *10 ha*
Wichtigste Sorten: *Silvaner, Weißburgunder, Scheurebe, Riesling, Müller-Thurgau*
Mitgliedschaft: *Breitengrad 51*
DAS GEHÖRT DAZU: *Gutsausschank Ostern bis Mitte Oktober / Edelbrände, Winzersekt*

In den Familien Frölich und Hake gab es schon etwas Weinbau, bevor Sandra Hake und Volker Frölich sich entschlossen, eigenständig einen Betrieb zu gründen. Die Flur mit 500 Riesling Stöcken hatte einen symbolischen Namen: Bad Kösener Schöne Aussicht. Sandra blickt gern noch in jene Zeit zurück. Schließlich war sie 1992/93 Weinkönigin von Saale-Unstrut und wurde ein Jahr später sogar zur Deutschen Weinkönigin gewählt. Diese zwei Ereignisse prägten die seinerzeit junge Dame (Jahrgang 1970) auch in ihrem Berufsweg. Sie studierte Journalistik (und musste durch die Queen-

Zeit manche Vorlesung ausfallen lassen), war dann beim Deutschen Weininstitut und einem Weinverlag. Als er 1997 den Abschluss als Staatlich geprüfter Techniker für Weinbau in Bad Kreuznach geschafft hatte, ließ sie den Journalismus hinter sich und man widmete sich gemeinsam dem Aufbau eines Gutes.

Schnell machte man gute Fortschritte und konnte gutes Rebland in verschiedenen Lagen erwerben. Der 2005 eingerichtete Gutsausschank hatte Schubkraft. „Wir stehen heute auf soliden Füßen da", freuen sich die beiden Frölichs, die den Gutsnamen der „alten Zeit" mit hinüber ins Jetzt genommen haben. Die weißen Sorten entstehen durch gekühlte Vergärung. Etwas Maischestandzeit gibt den Weinen Struktur. Rot (Anteil 15 Prozent) wird nach der Maischegärung im Holzfass ausgebaut. Riesling und Spätburgunder sind seine Lieblinge, sie mag besonders Weißburgunder und Silvaner. Ein echter „Hammer" ist der hellrote 2018er Breitengrad51 Grauburgunder mit 15 „Volt".

Naumburgs Weinbau heben

Naumburger Weinbaugesellschaft 1835 e.V. 9
Weinberge 69
06618 Naumburg
SACHSEN-ANHALT
Tel. 034 45 20 60 50
fweigel@gmx.net
www.naumburger-weinbaugesellschaft.de

1.Vorsitzender: *Frank Weigel*
Gründungsjahr: *1835*
Rebfläche: *4 ha*
Wichtigste Sorten: *Riesling, Gutedel, Silvaner, Müller-Thurgau, Weißburgunder, Kerner, Portugieser, Spätburgunder*

Die Mitglieder sind nicht Winzer im Sinne unserer jetzigen Gesetze, sondern angesehene Naumburger Bürger, denen es eine Ehre war, Naumburgs Weinbau zu heben". So steht es in den Annalen der am 30. Mai 1835 gegründeten Naumburger Weinbaugesellschaft. Sie durchlebte wechselhafte Zeiten mit Kämpfen gegen die Reblaus, löste sich, nachdem das Vereinsleben nach dem Ersten

Weltkrieg mehr oder weniger zum Erliegen gekommen war, 1934 auf und kam damit dem Vereinsverbot der Nazis im gleichen Jahr zuvor.

1984 regte sich ein zartes Pflänzchen durch die Gründung einer Arbeitsgemeinschaft Weinbau im Kulturbund der DDR, in der Hobbywinzer geschult wurden. Im Januar 1990 wurde nicht genutzte Weinbauflächen für Naumburger Weininteressierte freigegeben. 1991 entstand die Weinbaugesellschaft neu und ist seitdem ein durchaus achtbares Element im Naumburger Rebengebiet. Man zählt 75 Mitglieder, von denen etwa 55 aktive Hobbywinzer sind. Sie bewirtschaften ausschließlich Flächen in Steil- und Terrassenlagen, die für konventionellen Weinbau unter wirtschaftlichen Aspekten nicht nutzbar sind.

Die durchschnittliche Fläche der Nebenerwerbswinzer beträgt 900 qm. Alle leisten sie einen wichtigen Beitrag zur Erhaltung der Kulturlandschaft. Sie haben ein durchaus vielseitiges Rebensortiment, das den Ausbau von 14 verschiedenen Weinen möglich macht. Ausgebaut wird im Landesweingut Kloster Pforta. Ein Höhepunkt im aktiven Vereinsleben ist die jährliche Jungweinprobe. Außerdem präsentiert sich der Verein bei zahlreichen Veranstaltungen in der Region.

Frau Professorin schenkt ein

Weingut Prof. Wartenberg „Der Steinmeister" 10

Weinberge 75
06618 Naumburg-Roßbach
SACHSEN-ANHALT
Tel. 034 45 204 661, 0160 927 442 99
mariawart@aim.com
weingut.steinmeister@gmail.com
www.weingut-steinmeister.de

Eigentümer: *Prof. Dr. Maria Wartenberg, Prof. Heinrich Sauer*
Gegründet: *1952*
Rebfläche: *5,5 ha*
Wichtigste Rebsorten: *Riesling, Weißburgunder, Gewürztraminer, Silvaner, Muscaris, Solaris, Regent, Spätburgunder, Portugieser*
DAS GEHÖRT DAZU: *Acht Ferienhäuser, Gastronomie mit Garten, zahlreiche originelle Veranstaltungen im Jahresverlauf (Schneckenrennen, Mysteriennacht)*

Eine Professorin und ein Professor sind hier die Chefs, aber sie lassen nicht erkennen, dass sie als Wissenschaftler auf der Uni Jena hohes Ansehen genießen und sich z.B. mit der Stammzellforschung beschäftigen. In diesem Weingut geht es sehr locker und herzlich zu. Er, ein gebürtiger Würzburger (Jahrgang 1958), packt gerade Weinkartons

weg, die Dipl.-Biophysikerin schenkt an diesem sonnigen Wochenende Wein ein und räumt gebrauchte Gläser von den Tischen im windgeschützten Garten ab. Kann auch sein, dass sie unter der Woche – statt sich von der Wissenschaft zu erholen – am Abend Vorträge über Wein vorbereitet, die unterhaltsam sein sollen. „Lachen und Lernen passt zusammen“, erklärt Frau Professor (1964) dazu.

Den Weinbau in der Familie startete der Vater, Prof. Hans Wartenberg, auf 0,5 Hektar im steilen Weinberg Der Steinmeister, in dem schon im 13. Jahrhundert Mönche aktiv waren. Er befasste sich schon mit Pflanzkrankheiten der Rebe und kelterte selbst, so lange das erlaubt war. Als er 1972 starb, machten Mutter Gerda und Tochter Maria zunächst weiter, lieferten aber die Trauben in der Freyburger Genossenschaft ab. Dann verwilderte der

Weinberg, weil Maria fern der Heimat Biophysik studierte und promovierte. Aber als sie ab 1995 beruflich fest im Sattel saß, begann sie den Weinberg des Vaters wiederzubeleben. Es war eine mühselige, aber aus heutiger Sicht lohnende Arbeit, bei der auch uralte Stöcke tragfähig gemacht wurden. Flächen wurden nach und nach dazugekauft. 2004 konnte eine Straußwirtschaft mit eigenem Wein eröffnet werden. Den baute der Naumburger André Gussek für das Duo Wartenberg/Sauer aus. Ihm wurden so nach und nach mehr Sorten geliefert. Heute sind es 17 klassische Varietäten und dazu 7 Piwi-Sorten. Dieser Bereich soll in den nächsten Jahren noch wachsen, um Pflanzenschutz in den steilen Terrassen möglichst zu vermeiden.

Für die Zukunft wird Tochter Elisabeth (1995), die in Yannik Einhellinger einen weinaffinen Freund hat, in die Verantwortung genommen. Sie machte ein prägendes Praktikum bei Andreas Clauss im Thüringer Weingut Bad Sulza, studierte auf der Hochschule Geisenheim Weinbau, arbeitete aber in ihrer Freizeit und den Semesterferien schon fleißig im elterlichen Betrieb mit. Sogar ihre ersten eigenen Weine (knackiger, stimmiger Riesling zum Beispiel) hat sie im vorläufig kleinen Keller bereits ausgebaut. Die Kellerwirtschaft soll die nächsten Jahre vergrößert und funktionsgerecht werden. Vorläufig gilt das Kompliment für ein gutes Sortiment mit gradlinigen, herzhaften, zupackenden, auch eleganten Weißweinen (Gewürztraminer ist ein Favorit vieler Kunden) und tadellosen Rotweinen (überzeugende Spätburgunder und Regent) noch dem erfahrenen Profi Gussek.

Der verhinderte Philosoph

Weingut Hey 11

Weinberge 1 d
06618 Naumburg
SACHSEN-ANHALT
Tel. 034 45 677 41 65
kontakt@weinguthey.de
www.weinguthey.de

Eigentümer: *Matthias Hey*
Gründungsjahr: *2008*
Rebfläche: *6,5 ha*
Wichtigste Rebsorten: *Riesling, Weiß- und Grauburgunder, Gutedel, Zweigelt*
Mitgliedschaft: *Breitengrad 51, VDP*

Wer weiß, was aus Matthias Hey (Jahrgang 1982) geworden wäre, hätten seine Eltern nicht 2001 ohne jede Ahnung von Weinbau (Vater landwirtschaftlicher Berater, Mutter Steuerfachfrau) einen Weinberg in der Lage Naumburger Steinmeister, bestockt mit alten Reben, erworben. Eigentlich wollte er Philosophie studieren. Aber dann half er doch den Eltern bei der Sanierung des verwilderten Weinberges. Als tatsächlich der erste eigene Wein verkostet werden konnte, war Matthias vom Wein regelrecht infiziert. Er warf die Lebensplanung über den Haufen und beschloss, Winzer zu werden. Aber auf einer soliden Basis. So studierte er Weinbau und Önologie in Geisenheim und machte dabei Praktikas in den Abruzzen und im Friaul.

Danach übernahm er von der Familie die kleine Parzelle mit einem Hektar und baute ein richtiges Weingut auf,

in dem sich auch regelmäßig Veranstaltungen durchführen lassen. Ein außerhalb von Corona umfangreiches kulinarisches Programm gehört zum Erfolgsrezept des etwas versteckt liegenden Betriebes. „Wir sehen uns als begeisterte Botschafter für Kultur und Kulinarik", macht der Feinschmecker (Hobbys Kochen und gut Essengehen) deutlich. Radikal geändert hat sich seine Einstellung zum Riesling. Die Sorte war anfangs nicht sein besonderer Liebling. Aber inzwischen gelingen ihm vielschichtige Weine mit feiner Aromatik. So ist er mit einem Flächenanteil von rund 50 Prozent fast schon ein klassischer Riesling-Winzer. Ein Renner ist die Cuvée „Weißer Hey" aus Silvaner, Riesling und Weißburgunder. Bei Rot ist Zweigelt seine Trumpfkarte. Es gab schon Füllungen, bei denen der Wein aus gebrauchten Barriques mit einem Rioja aus bestem Haus verwechselt wurde...

Dass Hey innerhalb weniger Jahre in die qualitative Spitze der Region aufrückte, hat mit sorgfältiger Handarbeit in den Reben (Erntemenge allenfalls 40 hl/ha) und

schonender Vinifikation im Keller zu tun. Zunehmend praktiziert er eine etwas längere, strukturbildende Maischestandzeit auch bei den Weißweinen. Spontangärung ist die Regel. Teilweise werden die Weine in gebrauchten Barriques ausgebaut. Danach gilt: „Wir geben jedem Wein die Zeit, die er braucht." Ein solches Prinzip entspricht auch dem „Regelwerk" des Nobelclubs VDP, der das Weingut 2019 in seine Reihen aufnahm.

Gepflegt wird ein gutes Teamwork unter Einbindung der Familie. Bruder Karsten packt im Weinberg an, seine Frau Martina ist im Service fit. Mutter Sigrun ist die gute Seele des Betriebes. Und im Vertrieb sorgt Alexander Schau für guten Absatz. Ziele für die nächsten Jahre gibt es genug: Neubau eines Kellers, eine richtige Vinothek und langsame Umstellung auf Bio-Weinbau.

Weingut Lützkendorf

Weingut Lützkendorf 12
Saalberge 31
06628 Naumburg-Bad Kösen
SACHSEN-ANHALT
Tel. 0344 63 610 00, Fax 610 01
info@weingut-luetzkendorf.de
www.weingut-luetzkendorf.de

Eigentümer: *Uwe Lützkendorf*
Gründungsjahr: *1991*
Rebfläche: *10 ha*
Wichtigste Sorten: *Silvaner, Weißburgunder, Riesling, Traminer*
Mitgliedschaft: *VDP*

Er hat die Geschichte des Weinbaus an Saale und Unstrut über einen langen Zeitraum wesentlich mitgeprägt und avancierte nach der Wende zum Vorbild für viele Neueinsteiger. Udo Lützkendorf (Jahrgang 1937; rechts auf dem Foto) fing 1963 als Ingenieur für Weinbau und Kellerwirtschaft beim damaligen Volkseigenen Weingut Bad Kösen an, nachdem der private Weinbau der Familie auf zwei Hektar 1959 in eine Landwirtschaftliche Produktionsgenossenschaft überführt worden war. 1970 wurde er Chef des staatlichen Gutes und führte diesen über 100 Hektar großen Betrieb mit seinen fast 200 Mitarbeitern wie ein ideenreicher Marktwirtschaftler durch schwierige Zeiten. Neben Wein erzeugte er Getränke aus Erdbeeren, Äpfeln und Fallobst und hatte nach der Wende durchaus Visionen, wie es weitergehen sollte. Aber der Staat übernahm und Udo war Frührentner.

Er holte sich die Rebfläche der Familie zurück und begann mit Sohn Uwe (Jahrgang 1963; unten) und seiner Frau Käthe (inzwischen seit 57 Jahren an seiner Seite), ein eigenes Weingut nur einige hundert Meter entfernt vom Landesweingut aufzubauen. Nebenbei zog er immer noch etwas die Strippen, gab angehenden Winzern gute Tipps und war bei der Einführung der ostdeutschen Jungweinprobe ab 1991 entscheidend beteiligt. Im Betrieb musste einiges investiert werden. „Ich habe oft schlecht geschlafen, weil ich nicht gern Schulden gemacht habe", erinnert er sich. „Aber wir haben hart gearbeitet und den Durchbruch geschafft, als wir 1996 in den Verband der Prädikatsweingüter aufgenommen wurde. Das war für uns wie ein Ritterschlag."

Eine wesentliche Voraussetzung dafür war der Besitz in zwei Toplagen. Die Karsdorfer Hohe Gräte, ein einstiger Versuchs- und Musterweinberg des Landes, gehörte der Familie Lützkendorf ab 1939. Kalkstein und Gipskeuper im Boden sowie ein optimales Mikroklima sorgen für

ideale Bedingungen für die weißen und roten Sorten, die viel Mineralität ausstrahlen. Die Terrassen im Freyburger Edelacker mit einer Hangneigung von bis zu 45 % bieten vor allem ideale Voraussetzungen für Zweigelt. Uwe Lützkendorf, der kurz nach der Wende die Ausbildung zum Dipl. Ing. für Gärungs- und Getränketechnologie abgeschlossen hatte, weiß längst alles für charakterstarke, komplexe Weine zu nutzen, die auch eine gute Stabilität für weitere Reifung haben. Vater Udo hat sich trotz hohem Alter und zwei neuen Hüften noch nicht gänzlich zurückgezogen und beschäftigt sich am liebsten in den Reben: „Wenn ich draußen bin, kann mir jeder den Buckel runter rutschen."

Tüftler im Weinberg und im Keller

Winzerhof Gussek 13

Kösener Straße 66
06618 Naumburg
SACHSEN-ANHALT
Tel. 034 45 781 03 66, Fax 781 03 60
winzerhofgussek@t-online.de
www.winzerhof-gussek.de

Eigentümer: *Andre Gussek*
Gründungsjahr: *1993 im Nebenerwerb, ab 2002 Vollzeit*
Rebfläche: *9,3 ha*
Wichtigste Rebsorten: *Müller-Thurgau, Spätburgunder, Riesling, Weißburgunder, Grauburgunder, Zweigelt, Portugieser*
Mitgliedschaft: *Breitengrad51*
DAS GEHÖRT DAZU: *Ab 2021 Ferienwohnung im Weinberg*

Dass er an der Kösener Straße in Naumburg sein Weingut hat, kann man als symbolisch ansehen. Denn der Stadtteil Bad Kösen war lange Zeit der berufliche Standort von Andre Gussek (Jahrgang 1956). Dort befindet sich noch heute das Landesweingut, dessen Vorläufer das Volkseigene Weingut war. Und hier war der in Berlin-Buch Geborene und in Halle aufgewachsene Winzer nach

WINZERHOF
GUSSEK
SAALE-UNSTRUT

seinem Studium der Gärungs- und Getränketechnologie in Berlin von 1982 bis 2002 Kellermeister. Sein zweiter Bezug zu Bad Kösen ist, dass er später heimisch wurde im Verwalterhaus des Weinbetriebes im Arbeiter- und Bauernstaat. Hier begann er schon Ende der achtziger Jahre mit etwas Weinbau durch die Genehmigung, ein Rhabarberfeld auf dem Gelände umzufunktionieren. Die Trauben wurden an seinen Arbeitgeber verkauft.

Wenn er aus seiner Lebensgeschichte plaudert, wird schon mal erstaunt geäußert: „Was, sie waren schon in DDR-Zeiten im Weinkeller verantwortlich tätig." Er selbst meint über diese Phase: „Ich möchte sie nicht missen. Wir hatten gute Trauben, aber dafür fehlte die moderne Technik. Doch wir haben das Bestmögliche hinbekommen."

Heute kann er vergleichsweise aus dem Vollen schöpfen. Seine Spielwiese befindet sich in ausgezeichneten Lagen wie Kaatschener Dachsberg („eine echte Grand Cru-Lage") und Göttersitz, wo er seine Trauben im Ertrag drosselt (Erntemenge im Schnitt 55 hl/ha) und sie dann

im Keller mit Fingerspitzengefühl verarbeitet. Bei den Weißweinen ist mehrmonatiges Feinhefelager Usus, beim erstklassigen Riesling darf es noch etwas mehr sein. Die Burgundersorten landen teilweise in Barriques oder größeren Holzfässern. Das gilt ebenso für die Rotweine, für die er ein spezielles Verfahren anwendet. Er nimmt teilweise ganze Beeren und taucht sie schonend per Hand unter. Auch werden sie teilweise ohne Filtration abgefüllt. Durch solche Maßnahmen werden die Weine geschmeidiger, eleganter und nicht so gerbstoffbetont wie früher.

Eine Art Problem für Kunden ist die riesige Auswahl mit über 50 Weinen. Ans Herz legen darf man ihnen neben Riesling und den Rotweinen (Frühburgunder, Spätburgunder, Zweigelt sind erste Sahne) Müller-Thurgau, Silvaner (ein Exemplar stammt von 1926 gepflanzten Reben!), Weißburgunder und Grauburgunder. Bei letzterer Sorte wagte er sich sogar an eine sehr gelungene Orange-Version mit langer Maischestandzeit, was durch die hellrote Färbung der Beerenhaut zu einer Art Rosé wurde.

Eine Zielsetzung ist die Überführung des Weingutes in die nächste Generation mit den Söhnen Stefan (Jahrgang 1979) und Thomas (1984), der als Weinsberg-Absolvent bereits im Außenbereich anschafft. Dann kann sich auch Gattin Alexandra („Mutter der Kompanie") etwas zurücklehnen. Aber Andre wird sich vermutlich seine Hobbys (Erzeugung von edelsüßem Müller-Thurgau) und pfiffige Künstleretiketten (der Vater war entsprechend veranlagt) für besondere Weine nicht so schnell nehmen lassen.

Sektmacher von hohen Graden

Duchrow's Sektkellerei 14

Kroppentalstraße 12
06618 Naumburg
SACHSEN-ANHALT
Tel. 0171 954 32 84
info@duchrow-sektkellerei.de
www.duchrow-sektkellerei.de

Eigentümer: *Hartmut Duchrow*
Gründungsjahr: *2011*
Rebfläche: *Keine*
Wichtigste Rebsorten: *Spätburgunder, Schwarzriesling, Riesling und Weißburgunder*

Er ist so etwas wie das Kontrastprogamm zur riesigen Rotkäppchen-Mumm-Sektkellerei. Hartmut Duchrow ist ein Ein-Mann-Team und hier ein Sektmacher von hohen Graden, der sich aber mit einigen tausend Flaschen im Jahr, alle klassisches Verfahren und handgerüttelt, bescheidet. Der Mann vom Jahrgang 1964 hat einen interessanten Werdegang mit einer Lehre zum Weinküfer im VEG Weinbau Bad Kösen und nach der Wende unter gleichen Dach im Landesweingut. Dann machte er ein Praktikum in einer angesehenen Domaine in der Bourgogne und bekam hier einiges über das Werden bedeutender Weißweine mit. Es schloss sich ein weiteres Praktikum im Sektgut St. Laurentius in Leiwen an der Mosel an, dessen Chef Klaus Herres zu seinem Vorbild wurde und ihn wohl endgültig auf den schäumenden Weg brachte.

So wurde er Mitbegründer der Naumburger Wein- und Sektmanufaktur, ging dann aber bald eigene Wege, baute für ein Weingut im Nebenerwerb die Weine aus und ist seit 2011 freiberuflicher Kellermeister hauptsächlich im Weingut Triebe in Zeitz. Nebenbei hat er sich eine eigene Sektproduktion aufgebaut, die er auch gern bei Führungen (nach Voranmeldung) vorstellt.

Das Grundmaterial für seine eleganten, feinmaschigen Prickler bekommt er im Weingut Triebe, für das er auch versektet. Er selbst hat lediglich vier Sorten im Programm und hebt dabei vor allem den Weißburgunder brut und die Cuvée Privée brut heraus. Seinen Sekten lässt er viel Zeit für die Reifung auf der Hefe. Die Stammkunden wissen es zu schätzen, dass er nach speziellen Wünschen die Dosage einstellt, auch in kleiner Auflage.

Sektkellerei wiederbelebt

Naumburger Wein- und Sektmanufaktur 15

Blütengrund 35
06618 Naumburg
SACHSEN-ANHALT
Tel. 03445 202 042, Fax 20 20 45
info@naumburger.com
www.naumburger.com

Eigentümer: *Andreas Kirsch*
Gründungsjahr: *2002*
Rebfläche: *20,3 ha*
Wichtigste Sorten: *Weißburgunder, Riesling, Dornfelder, Regent, Kerner, Bacchus*
DAS GEHÖRT DAZU: *Pension mit 4 DZ / Festkeller für Feiern / Garten-Ausschank / 1000-jähriger Gewölbekeller / Umfangreicher Veranstaltungskalender*

Das Gründungsjahr ist der Zeitpunkt der Zweitgründung. Denn es gab, lang bevor Kloss & Foerster 1856 geboren wurde, ab 1824 die Champagnerfabrik W.F. Bürger & Sohn auf einem ehemaligen Klostergelände an der Saale mit einem riesigen, in den Felsen gehauener, kühlen Keller, perfekt geeignet für die Reifung von schäumendem Wein. Der hier gewonnene „vaterländische Sekt" erfreute sich bis Ende des 19. Jahrhunderts großer

Beliebtheit. Aber durch die Reblaus fand sich kein geeigneter Grundwein mehr aus der Gegend, so dass die Sektproduktion eingestellt wurde. Man stieg um auf Mostproduktion, auch in DDR-Zeiten. Mit der Wende kam das Ende, für so kleine Betriebe gab es keine Rettungsaktionen. Also aus und vorbei. Aber nicht allzu lange. Ein Franke mit Freyburger Wurzeln, der eigentlich Kfz-Sachverständiger war, kam auf die Idee einer Wiederbelebung. Andreas Kirsch (Jahrgang 1961) fand einen erfahrenen Kellermeister (inzwischen längt selbstständig), mit dem die Pläne gut umgesetzt werden konnte. Mit lediglich 0,3 ha ging es los. Die ersten Jahre wurde mit viel Zukauf von Trauben und Grundweinen von Saale-Unstrut gearbeitet. Als es Kirsch 2007 gelang, 17 Hektar des Rittergutes Weischütz in einem Freyburger Ortsteil zu übernehmen, konnte er richtig durchstarten. Weine und Sekte reifen in einem trutzig anmutenden Gebäudetrakt an, der 1856 errichtet worden war.

Mit den Jahren ist ein gesunder Betrieb entstanden, der inzwischen auch ein recht umfangreiches Weinsortiment aufgebaut hat. Spezialitäten sind hier Müller-Thurgau, Gutedel, fruchtige Kerner bis hin zur Auslese, Traminer, Regent und Spätburgunder in verschiedenen Versionen.

Sekt aus klassischer Flaschengärung bleibt indes das Aushängeschild. Jährlich werden rund 40000 Flaschen gefüllt. Der Inhalt ruht in der Regel rund 12 Monate auf der Hefe und kann hier Feinheiten tanken. Die Spitzenprodukte sind der Blanc de Noir vom Spätburgunder brut, bei dem der Grundwein in Barriques heranreifte. Er lag 18 Monate auf der Hefe, wie auch der „Exclusiv ‚15", Jahrgang 2015. Den Einstieg in die Wein- und Sektbranche hat Kirsch nie bereut. „Der Betrieb ist mein größtes Hobby." Und er konnte damit für Tochter Franziska (Jahrgang 1991) eine berufliche Zukunft schaffen. Sie studierte in Geisenheim Weinbau, mischt bereits eifrig mit ihrem Mann Stephan mit und weiß: „Irgendwann darf ich mal alles machen."

Das darf sie dann genau genommen in der ältesten deutschen Sektkellerei. Das behauptet zwar Kessler in Esslingen von sich, aber dieses Haus ist erst 1826 gegrün-

det, erzeugte allerdings Sekt ohne Unterbrechung und praktiziert seit 2013 eine „strategische Allianz“ mit der riesigen Kellerei Cavit im Trentino, die viele Grundweine nach Württemberg liefert.

2. Wein-Tour

Ringfahrt durch die weinbaulichen Epizentren

Die beiden Zentren Freyburg und Naumburg haben wir uns erobert – biegen wir in einen große Ringfahrt drumherum ein. Auf Schusters Rappen oder dem Fahrrad zieht sich diese Umkreisung schon deutlich:

Wer von Freyburg aus die 3 km nach Zscheiplitz fährt, kann bequem im Uhrzeigersinn über Laucha (5,5 km) weiter nach Kaiserpfalz im Nord-Westen fahren (20 km; dabei vielleicht sogar einen 7 km nahen Abstecher nach

Nebra mit seiner Himmelsscheibe machen), von dort in den Süd-Osten nach Bad Sulza (30 km) und weiter nach Großherinen-Kaatschen (6 km), um in Bad Kösen (7,5 km) seinen Tripp rund 5 km südwestlich von Naumburg abzuschließen.

Wer lieber von Naumburg aus starten möchte, fährt eben rund 7 km von Naumburger Dom entfernt in Bad Kösen mit dem Uhrzeiger los, und nun in umgekehrter Reihenfolge bis Zscheiplitz – in jedem Fall sind das aber zusammen stramme 69 km, die schon mit dem Rad ordentlich sind, zu Fuß zwei zünftige Tagesmarsche, Betonung auf: -märsche!, darstellen dürften. Aber die Thüringer Weinstube des „Thüringer Weingut Zahn" in Großherinen-Kaatschen und die Veranstaltungen im Thüringer Weingut Bad Sulza sowie die Weinproben und Weinwanderungen des Weingut Beyer in Laucha-Dorndorf lassen entspannungs- und genußreich Station machen, und in den 5 Ferien-Appartements und der Gastronomie von Weingut Bernard Pawis ist gute Bleibe.

Wo Weintrinken Spaß macht

Weingut Bernard Pawis 16
Auf dem Gut 2
06632 Zscheiplitz
SACHSEN-ANHALT
Tel. 0344 69 283 15, Fax 667 27
info@weingut-pawis.de
www.weingut-pawis.de

Eigentümer: *Bernard Pawis*
Gründungsjahr: *1991*
Rebfläche: *16 ha*
Wichtigste Rebsorten: *Riesling, Weißburgunder, Grauburgunder, Müller-Thurgau, Bacchus, Zweigelt*
Mitgliedschaft: *VDP*
DAS GEHÖRT DAZU: *5 Ferien-Appartements und Gastronomie im Brunnenhaus auf dem Gutshof*

Spielt eigentlich schon in einer eigenen Liga, war das Fazit eines Besuches an Saale und Unstrut vor gut 15 Jahren über das Weingut Pawis. Positiv aufgefallen war der Betrieb bereits Jahre zuvor, als er mit den gelungenen Jahrgängen 2000 und 2001 bei einem großen deutschen Riesling-Wettbewerb als ostdeutsches Weingut im Vorderfeld landete. „Das hat uns überregional bekannt gemacht", freut sich Kerstin Pawis, die Winzergattin, im Rückblick. Andere sind inzwischen aufgerückt, aber der Name Pawis hat immer noch besondere Geltung im Gebiet.

Begonnen hatte alles mit den Eltern von Bernard (Jahrgang 1964), Herbert und Irene, die Ende 1990 in den Freyburger Ehraubergen das seinerzeit vermutlich kleinste Weingut Deutschlands mit 0,5 Hektar und Straußwirtschaft gründeten. Der Sohn machte vorher eine Winzerausbildung im damals Volkseigenen Weingut Schloss Wackerbarth, studierte anschließend in Erfurt Gartenbau und war danach eine Weile im Handel auch mit Wein aktiv, ehe er sich 1998 entschloss, den durch Pacht und Kauf auf eine wirtschaftliche Größe gewachsenen Betrieb zu übernehmen. Er baute eine moderne Kellerei auf, machte schnell auf sich aufmerksam und wurde bereits 2001 in den Eliteverband VDP aufgenommen.

2007 erfolgte dann der nächste größere Schritt mit einem Umzug in den historischen Gutshof Zscheiplitz, wo schon Jahrhunderte zuvor unter klösterlicher Regie Wein ausgebaut wurde. Pawis erwarb ein Wirtschaftsgebäude und baute es für die Nutzung als Weingut mit allen notwendigen Facetten um. Und weil er offenbar immer noch baulustig war, wurde ab 2015 ein Brunnenhaus für touristische und gastronomische Aktivitäten saniert. So nebenbei wird noch Solarenergie zur Stromerzeugung genutzt, Regenwasser für die Bewässerung gesammelt und werden historische Weinbergmauern saniert.

Handlese und schonende Verarbeitung der auf Muschelkalk und Buntsandstein gewachsenen Trauben sind eine Selbstverständlichkeit. Bei Rot wird eine lange Maischegärung praktiziert, die Reifung erfolgt teilweise in Barriques. Schon die Basisweine sind klar und stimmig,

animierend, ganz nach der Devise von Bernard: „Ich pflege einen modernen Stil mit dem Ziel, dass Wein trinken Spaß macht." Darüber rangieren die eleganten, ausgewogenen Rieslinge, Burgunder und Traminer aus dem Zscheiplitzer Himmelreich und dem Freyburger Edelacker (eingestuft als 1. Lage nach VDP-Regularien). Eine Besonderheit ist der Riesling R 736, dessen Reben in einer extremen Steillage nicht anders als über 736 Treppenstufen (!) erreichbar sind. Grauburgunder, Riesling (der Lieblingswein von Chef und Chefin) sowie Weißburgunder aus ausgewählten Parzellen des Edelacker stehen als Große Gewächse in der Qualitätspyramide ganz oben. Wichtig ist aber auch: die nächste Generation mit den Söhnen Marcus (1986) und Geisenheim-Student Christian (1998) ist bereits in den Betrieb eingebunden. Christian hat sich unterdessen selbst verwirklicht mit einem bemerkenswerten Riesling namens „Zauberlehrling", der durchaus dem Großen Gewächs vom Vater Konkurrenz macht.

Viel Erfahrung gesammelt

Weingut Beyer 17
Gleinaer Straße 2
06636 Laucha-Dorndorf
SACHSEN-ANHALT
Tel. 0160 977 980 01
johannes@weingut-beyer.de
www.weingut-beyer.de

Eigentümer: *Johannes Beyer*
Verkauf: *Daniela Beyer*
Gründungsjahr: *2007*
Rebfläche: *4 ha*
Wichtigste Rebsorten: *Müller-Thurgau, Weißburgunder, Silvaner*
DAS GEHÖRT DAZU: *Weinproben Archivproben, Weinwanderungen*

Er begann Weinbau mit lediglich 0,07 ha, weil er in seinen ersten Jahren als selbstständiger Winzer noch in anderen Betrieben sein Geld verdienen musste. Aber Johannes Bayer (Jahrgang 1985) wusste schon früh, dass Weinbau sein Leben bestimmen sollte. Seine Ausbildung machte er von 2002 bis 2005 bei der Winzervereinigung

Freyburg, arbeitete danach als Geselle weiter bei der Genossenschaft, ehe er für ein halbes Jahr Auslandserfahrung in Australien sammelte. Anschließend folgte in Weinsberg die Ausbildung zum staatlich geprüften Techniker für Weinbau. Zu weiteren durchaus prägenden Stationen gehörte die Tätigkeiten im Weingut Pawis und in der Naumburger Wein- und Sektmanufaktur. So nebenbei sorgte er im eigenen Betrieb für ein gutes Wachstum und eine feste Basis für die weitere Entwicklung. Acht Hektar ist seine Zielsetzung. Nebenbei ist er noch seit 2013 im Keller engagiert bei der Weinmanufaktur Alte Zuckerfabrik in Laucha.

Im eigenen Betrieb setzt er auf moderate Erträge und selektive Ernte in seinen insgesamt 13 Fluren in verschiedenen Lagen. Bewässert wird nicht, weil das die Erntemenge steigern könnte. Zielsetzung sind reintönige, anregende Weißweine, die meist früh gefüllt werden, um ihre Frische zu bewahren. Bei Rotweinen pflegt er die klassische Maischegärung mit anschließender Reifung in Barriques. So entsteht beispielsweise die komplexe, gehaltvolle Cuvée „Glockendreiklang“ mit Merlot, Zweigelt und Regent.

Wichtig ist der Sortentyp

Weingut Klaus Böhme 18
Lindenstraße 42
06636 Laucha-Kirchscheidungen
SACHSEN-ANHALT
Tel. 034462 203 95, Fax 227 94
Weingut.boehme@t-online.de
www.weingut-klaus-boehme.de

Eigentümer: *Klaus Böhme*
Gründungsjahr: *1992*
Rebfläche: *13,5 ha*
Wichtigste Sorten: *Weißburgunder, Müller-Thurgau, Riesling, Silvaner*
Mitgliedschaft: *Breitengrad51*

Schon seit rund 300 Jahren ist die Familie Böhme der Landwirtschaft und dem Weinbau verbunden. Deshalb studierte Klaus Böhme (Jahrgang 1965) auch Landwirtschaft und ergriff bald nach der Wende die Chance, die al-

ten Rebflächen zu aktivieren und ein richtiges Weingut zu etablieren. Dieses Ziel ist längst erreicht. Im VINUM-Weinführer 2020 wurde ihm attestiert, dass er sich Jahr für Jahr weiterentwickelt und gesteigert hat. „Wir wollen uns auf den Kern des Weinmachens konzentrieren, uns nicht davon ablenken lassen und einfach guten Wein machen", beschreibt er selbst seine Prinzipien.

Bei den Weißweinen wird durch reduktiven Ausbau auf die Herausarbeitung des Sortentyps geachtet. Auch das Terroir soll schmeckbar werden. Die Rotweine machen die klassische Maischegärung durch, landen dann im Holzfass und werden frühestens ein Jahr nach der Ernte gefüllt. Renner im Sortiment ist der Weißburgunder Gutswein. Ein besonderer Liebling von Böhme ist der Silvaner von alten Reben (teilweise 1934 gepflanzt).

Dass das Weingut nicht nur regional wahrgenommen wird, macht die Verkaufsstatistik deutlich: Rund 50 Prozent der Weine werden verschickt. Der große Wunsch des naturverbundenen Winzers, die nächste Generation für Weinbau zu begeistern, dürfte in Erfüllung gehen: Tochter Luise (Jahrgang 2000) ist bereits eine tüchtige Mitarbeiterin, machte zuletzt Praktika in Österreich (Wachau und Wagram) und hat aktuell einige Jahre Studium in Geisenheim vor sich.

*E*in Profi wagt sich an „Naturweine“

Weingut Buddrus – Konni & Evi 19

Am Anger 17
06636 Laucha-Burgscheidungen
SACHSEN-ANHALT
Tel. 0174 186 14 12
Konrad.buddrus@gmail.com

Eigentümer: *Konrad Buddrus, Eva-Maria Wehner*
Gründungsjahr: *2017*
Rebfläche: *2,5 ha*
Wichtigste Sorten: *Silvaner, Müller-Thurgau, Riesling, Portugieser*
Mitgliedschaft: *Demeter*

Vorweg die Warnung: Wer nur konventionelle Weine in der Nase und auf der Zunge haben will, ist hier an der falschen Adresse. Konrad Buddrus (Jahrgang 1994) hätte zweifelsohne die Kenntnis dazu, schließlich hat er Winzer in Bad Kreuznach gelernt und dann auf der Lehranstalt im fränkischen Veitshöchheim noch die Weinbau-Techniker-Ausbildung angehängt; außerdem ist er hauptberuflich im Keller des Weingutes Herzer in Naumburg-Roßbach tätig. Dort sind normale, gute Weine zu vinifizieren. Aber Winzer Herzer hat den Newcomer, der „Naturweine“ erzeugt, trotz dessen Stilrichtung empfohlen.

Diese ist ein wenig den Weinen eines namhaften Österreichers nachempfunden, bei dem er 2017 einige Monate ein Praktikum machte. Gernot Heinrich aus dem burgenländischen Gols erzeugt seit Jahren neben seiner klassischen Richtung auch Weine, die er „Freyheit“ nennt und die mit leichter Trübung und hochfarbig in die Flaschen kommen. Aber sie haben Tiefgang und Finesse, sind sehr gefragt bei einer bestimmten Zielgruppe, die es schätzt, wenn Weine wie in alten Zeiten erzeugt werden. Auf diesem Feld wird auch reichlich Unfug mit deutlich fehlerhaften Weinen produziert (die trotzdem ihre Fans haben).

Konrad Buddrus aber hat einen guten Mittelweg gefunden: Er erntet möglichst freizeitig, um höhere Alkoholgehalte zu vermeiden. Seine Weißweine machen eine nicht zu ausgiebige Maischegärung durch, was für etwas mehr Gerbstoff sorgt (und gut für die Haltbarkeit ist). Die Schwefel-Dosis ist eher winzig, filtriert wird nicht. Weil damit eine Ablehnung bei der amtlichen Weinprüfung vorprogrammiert ist, werden die Weine als „Mitteldeutscher Landwein“ deklariert. Die Preise sind dennoch ziemlich stattlich. Aber im spezialisierten Fachhandel und bei einer bestimmten, biodynamisch angehauchten Klientel lassen sie sich offenbar gut verkaufen. Vorläufig sind die Mengen auch gering (aktuell: 4000 bis 5000 Flaschen im Jahr), da die Reben sehr alt sind und nur noch wenig tragen.

Begonnen hat alles damit, dass 2016 auf Ebay ein alter Weinberg angeboten wurde. Konrad drückte da noch die Schulbank in Veitshöchheim, schlug aber zu und startete gemeinsam mit seiner Lebensgefährtin Eva-Maria Wehner in seiner alten Heimat in Sachsen-Anhalt als Winzer mit lediglich 0,3 Hektar. Inzwischen ist der Betrieb gewachsen, vor allem mit Silvaner, der Sorte, mit der man sich besonders profilieren will. Im Team bewirtschaften sie die Weinberge mit Familienhilfe nach biodynamischen Prinzipien und den Regeln von Demeter; Eva-Maria Wehner ist hauptberuflich Grundschullehrerin (und inzwischen zweifache Mutter).

Sorten der Zukunft

Weinhof Winter 20
Thomas-Müntzer-Straße 9
06642 Kaiserpfalz-Memleben
SACHSEN-ANHALT
Tel. 034672 848 11, 0152 565 911 91
Weinhof-winter@t-online.de
www.weinhof-winter.de

Eigentümer: *Eckhard Winter, Cornelia Winter*
Gründungsjahr: *1988*
Rebfläche: *0,45 ha*
Wichtigste Rebsorten: *Souvignier gris, Solaris, Regent, Cabernet Cortis*
Mitgliedschaft: *Piwi International*

Er fing noch knapp vor der Wende ganz klein mit Weinbau auf 0,14 ha an und machte sich erst rund zehn Jahre später auf in die Selbstvermarktung. Haupterwerb des Dipl. Ing. für Landtechnik, Eckhard Winter (Jahrgang 1961) ist allerdings die Anstellung als wissenschaftlich-technischer Angestellter im Helmholtzzentrum für Umweltforschung in Leipzig.

Die Umwelt liegt ihm auch im Weinbau besonders am Herzen. Das ist schon bei seinem Rebensortiment zu ersehen. Er baut ausschließlich Piwis an, die er als „Sorten der Zukunft" bezeichnet. Besonders stolz ist er dabei auf den schon lang eingeführten Regent, der immer gut ausreift

und aus dem sich bis zu fünf verschiedene Weine machen lassen:

Rotwein, Rotwein aus dem Barrique, Rosé, Blanc de Noir und Teil eines Rotling. Geerntet werden möglichst vollreife und nur gesunde Trauben. Die Weißweine vergären langsam im Edelstahl und genießen ein langes Hefelager. Geschmacklich legt Winter Wert auf die gesamte Geschmackspalette von trocken bis süß. Bei Rotwein (alles trocken) pflegt er eine lange Maischegärung. Die besten Gewächse kommen ins Barrique.

Auf die Preisliste kommen nur Weine, die bei Wettbewerben national und international erfolgreich waren. Für seine Qualitäten hat er ein Drei-Stufen-System kreiert: „Domäne“ ist die gute Basis. Bei „Prestige“ sind die Ansprüche bereits ziemlich hoch. Darüber thront noch „Eminent“ mit hochkarätigen, trockenen Auslesen von Solaris, Souvignier gris und Regent.

Der „Wessi" zögerte nicht

Thüringer Weingut Bad Sulza 21

Sonnendorf 17
99518 Bad Sulza
THÜRINGEN
Tel. 0364 61 206 00, Fax 208 61
info@thueringer-wein.de
www.thueringer-wein.de

Eigentümer: *Kathrin Clauß (50 %), Andreas Clauß (32 %), Stadt Bad Sulza (18 %)*
Gründungsjahr: *1992*
Rebfläche: *50 ha*
Wichtigste Rebsorten: *Müller-Thurgau, Weißburgunder, Riesling, Grauburgunder, Kerner, Frühburgunder*
DAS GEHÖRT DAZU: *Freiland-Rinderhaltung, Obstanbau mit Obstsaft und –bränden, Honig, viele Veranstaltungen*

Um das mit Abstand größte private Weingut von Saale-Unstrut zu finden, muss man – aus dem Süden kommend – durch manche Dörfer in Thüringen fahren, bis bald nach einem Wegweiser zum Weingut Zahn kurz vor Bad Sulza im Weimarer Land auf der rechten Straßenseite ein großes Plakat zu sehen ist, das auf das Thüringer Weingut Bad Sulza hinweist. Man biegt rechts ab und sieht die nächsten Kilometer jede Menge Reben. Dann weist ein Schild auf den Ortsteil Sonnendorf hin. Du fährst geradeaus rein und findest linker Hand ein stattliches Gebäude, das mal ein Bauernhof war. Heute hat er ein reiches Wein-Innenleben mit verschiedenen Abteilungen, in denen Holzfässer, über 100 Barriques und blitzende Stahltanks stehen.

Weinbau in dieser Gegend mag überraschen. Aber er wurde schon vor mehr als 800 Jahren betrieben, dann aufgegeben und in den sechziger Jahren des letzten Jahrhunderts von landwirtschaftlichen Produktionsgenossenschaften (LPG) wieder im kleinen Umfang gestartet. Die Agrargenossenschaft Niedertreba wagte 1992 einen Neuanfang und brauchte zwei Jahre später einen kompetenten Profi als Chef. So kam der Württemberger Andreas Clauß (Jahrgang 1967) nach Thüringen. Der gelernte Winzer (u.a. bei Drautz-Able in Heilbronn und Hans Wöhrle in Lahr) und Weinbautechniker (Weinsberg) ergriff bald darauf die Chance, den Betrieb zu übernehmen. Er bekam Verstärkung durch eine Thüringerin, die 1996/97 Weinprinzessin war. Kathrin (1972) wurde Gattin und Teilhaberin. Die Stadt Bad Sulza, die den Weinbau in ihrer Umgebung fördern wollte, stieg als Gesellschafter ein. So wurden die Weichen für die Zukunft gestellt und 1998 der Bauernhof in Sonnendorf zum Weingut umfunktioniert.

Clauß wurde anfangs schon mal mit der Frage konfrontiert, „was der Wessi hier macht". Aber er verschaffte sich schnell Anerkennung und nutzte die Chance durch die

Zuteilung von Pflanzenrechten in der Gegend für sich. „Andere haben gezögert, ich habe zugegriffen." Der Betrieb wuchs und wuchs. Allmählich wird es schwer, die Übersicht zu behalten. Es gibt jede Menge Rebsorten. Dazu gehören auch Spezialitäten wie Grüner Veltliner und Muskateller, die Klassiker Gutedel, Traminer, Riesling und Müller-Thurgau (dem er bemerkenswerte Weine entlockt). In den letzten Jahren sind diverse Piwi-Sorten hinzugekommen, zum Beispiel Pinotin, Cabertin, Solaris, Muscaris, Cabernet Blanc, Souvignier gris. „Naturnaher Weinbau" ist hier die Zielsetzung.

Ordnung in die Vielfalt bringen fünf Kategorien: Gutsweine als Basis, die Zwei-Sterne-Spezialitäten (vorwiegend Aroma-Sorten), Excellence *** (ausgesuchte Spezialitäten), Quadrat **** (Prestigeweine aus zwei Sorten aus zwei Weinbergen) und schließlich CP ***** (Ausnahmeweine, die nur in wenigen Jahren möglich sind). „Es reizte mich, hier etwas zu schaffen", blickt Andreas Clauß, der aus einer Esslinger Weinbaufamilie stammt, zurück in die neunziger Jahre. Fazit: Er hat einen Vorzeige-Betrieb geformt.

Perfekt verzahnt

Thüringer Weingut Zahn 22

Weinbergstraße 18
99518 Großheringen-Kaatschen
THÜRINGEN
Tel. 034 466 179 984, Fax 179 983
info@weingut-zahn.de
www.weingut-zahn.de

Eigentümer: *André Zahn*
Gründungsjahr: *1998*
Rebfläche: *13,5 ha*
Wichtigste Sorten: *Müller-Thurgau, Weiß- und Grauburgunder, Zweigelt*
Mitgliedschaft: *Breitengrad51*
DAS GEHÖRT DAZU: *Thüringer Weinstube (www.restaurant.erlebnisweingut.de), außerdem in Freyburg Weinhotel Freylich-Zahn*

Die Familie Zahn hat sich offensichtlich dem Genuss besonders vielseitig verschrieben. Weinbauingenieur Hartmut Zahn (Jahrgang 1950) startete 1998 mit 9000 Rebstöcken und hatte hier den eigentlich als Kfz-Mecha-

niker geschulten Sohn André (*1975, unten im Bild links) an seiner Seite, weil der die Ausbildung zum staatlich geprüften Wirtschafter für Weinbau und Kellerwirtschaft und zum Weinküfer absolvierte. Seniorchefin Christina ist nach wie vor die gute Seele im Haus und Ansprechpartnerin für die Kundschaft. Und dann gibt es noch Tochter Elvira Zahn-General, die mit ihrem Gatten Torsten General (im Bild unten rechts) vor Ort beim Weingut eine beliebte Weinstube betreibt und ergänzend neuerdings in Freyburg noch ein Weinhotel mit ambitioniertem Restaurant führt.

Beim Wein orientiert sich der längst Verantwortliche André am Prinzip seines Vaters: „Wein braucht Pflege, damit etwas Großes entstehen kann." Einer solchen Herausforderung stellt er sich durch die Mitgliedschaft im Verein *Breitengrad51*. Die Regel „so schonend wie möglich" setzt im Weinberg durch Handlese ein. Die Weißweine werden im Stahl und im Holzfass ausgebaut. Bei Rotweinen kommen auch Barriques ins Spiel. Der Favorit der Kundschaft ist der Weißburgunder.

André selbst mag besonders Silvaner und ist stolz auf Spezialitäten von der Piwi-Züchtung Muscaris, die durch ihre Eignung für edelsüße Weine im Jahrgang 2018 eine prächtige Auslese und einen Eiswein liefern konnte. Bekannt ist das Gut für originelle Veranstaltungen bis hin zum Krimi-Wandern und Yoga im Weinberg.

Der Staat als Winzer

Landesweingut Kloster Pforta 23

Saalberge 73
06628 Naumburg-Bad Kösen
SACHSEN-ANHALT
Tel. 0344 63 30 00, Fax 300 25
service@kloster-pforta.de
www.kloster-pforta

Eigentümer: *Landgesellschaft Sachsen-Anhalt/ Land Sachsen-Anhalt*
Geschäftsführer: *Bastian Remkes*
Kellermeister: *Olaf Stintzing*
Weinbauleitung: *Franziska Zobel*
Gründungsjahr: *1990 mit viel Vorgeschichte zurück bis ins 12. Jahrhundert*
Rebfläche: *50 ha*
Wichtigste Rebsorten: *Weißburgunder, Riesling, Müller-Thurgau, Bacchus, Zweigelt, Portugieser*
Mitgliedschaft: Breitengrad 51

Mit der Erfahrung aus über 850 Jahrgängen ist ein Prospekt des Landesweingutes betitelt. Damit wird angespielt auf den klösterlichen Weinbau im 12. Jahrhundert. An ihn wollte man vor einigen Jahren gewissermaßen wieder anknüpfen. Geplant war ein Umzug weg von der unmittelbaren, hochwassergefährdeten Nachbarschaft der Saale in Bad Kösen auf ein Gelände der ehemaligen Gärtnerei des Klosters Pforta vor den Toren von Naumburg. Aber dann stellten sich Probleme beim Baugrund heraus. Die Finanzierung war nicht mehr machbar. Jetzt wird der alte Standort genutzt, aber etwas höher und weiter weg vom

Fluss. Der erste Spatenstich soll im Frühjahr 2021 erfolgen, die Fertigstellung ist für Herbst 2013 geplant. Dann soll auch ein Weingutsrestaurant in den historischen Gebäuden errichtet werden. Außerdem ist längerfristig eine Flächenerweiterung auf rund 70 Hektar vorgesehen – eine wichtige Aufgabe für den erst seit Januar 2020 neu im Amt befindlichen Geschäftsführer Bastian Remkes, der zuletzt eine große Genossenschaft im württembergischen Bottwartal leitete.

Damit wird der Staatsbetrieb deutlich von der einstigen Größenordnung entfernt bleiben. 120 Hektar waren es mal, als 1952 aus den Restbeständen einer einstigen staatlichen Weinbauverwaltung mit Forschungsanstalt ein Volkseigenes Weingut (VEG) ins Leben gerufen wurde. In das wurden zahlreiche kleinere Weingärten aus Privatbesitz integriert. Denn selbstständige Winzer brauchte die DDR nicht. Nach der Wende wurde viel Fläche an die ehemaligen Privateigentümer zurückgegeben. Das sorgte ebenso für einen Schrumpfungsprozess auf 58 Hektar wie das Problem, sich in marktwirtschaftlichen Verhältnissen zurechtzufinden. Beim Staat wusste man auch längere Zeit nicht, wohin sich das Weingut orientieren sollte. Dass im Lauf der Jahre Geschäftsführer relativ häufig wechselten, trug ebenfalls nicht unbedingt zu einer notwendigen Konstanz oder sogar Dynamik bei und ließ sogar die Fläche weiter auf 50 Hektar schrumpfen.

Aber jetzt sollte der Betrieb in ruhigerem Fahrwasser angekommen sein. Bastian Remkes (im Bild links, daneben Kellermeister Olaf Stintzing) hat Erfahrung in der Führung von nicht sehr einfachen Unternehmen und kann auf tüchtige Mitarbeiter im Keller und im Weinberg bauen. Das Potenzial für gute Weine war auf den Fluren des Gutes schon in DDR-Zeiten erkennbar und wurde trotz nicht einfacher Rahmenbedingungen erstaunlich gut umgesetzt. Heute kann das ganze Repertoire einer qualitätsorientierten Kellerwirtschaft genutzt werden. Die Gutsweine als Basis werden in der Regel mit Reinzuchthefen im Edelstahl vergoren. Bei Lagenweinen kommt das große Holzfass zum Einsatz. Bei den Spitzenweinen, die mit geringen Erntemengen eingebracht wurden, wird teilweise auf der Maische vergoren oder die Möglichkeiten der Ganztraubenvergärung genutzt. Sogar Experimente dürfen sein, etwa der Ausbau in Granit (genannt „Steinfass") oder im Kunststoffei und der spezielle Einsatz von weinbergeigenen Hefen.

Bei den Rotweinen werden die Gutsweine nach kurzer Maischegärung im Edelstahl oder im großen Holzfass ausgebaut. Bei den Lagenweinen wird teilweise Saft abgezogen, um die Konzentration im Most zu steigern (Methode Saignée). Eine längere Maischegärung und einjähriger Ausbau im großen Holzfass oder in Barriques gehören zum Repertoire des Kellerteams. Für die Spitzen der „Klosteredition" wird noch mehr Aufwand auch bei der Zeit betrieben. Zu den Besonderheiten im Sortiment gehören alte Rebsorten wie Heunisch und Elbling oder ungewöhnliche Varietäten wie Blauer Silvaner (eine Mutation des klassischen Silvaner) und die rote Züchtung André. Auch edelsüße Weine werden angestrebt, hauptsächlich vom Riesling oder dem Traminer. Geschäftsführer Remkes schloss schon nach kurzer Amtszeit besondere Freundschaft mit dem knackigen Saalhäuser Weißburgunder und dem zartgliedrigen André Blanc de Noir-Sekt brut aus klassischer Flaschengärung.

Das recht umfangreiche Sortiment ist gut sortiert in Gutsweine, Lagenweine und als Spitze die Klosteredition, zu der auch der Breitengrad51-Wein Weißburgunder und der André-Sekt gehören, ebenso die Auslesen und ein Riesling Eiswein aus 2018.

3. Wein-Tour

In den hohen Norden

Gleina liegt rund 7,5 km nordwestlich von Freyburg. Hier läßt sich gleich mit zwei Winzern beginnen, wobei die Vinothek im historischen Vierseitenhof des Weinguts Böhme & Töchter gut „vorglühen" läßt; dito bei Roland Bähler und seinen Weinen. Rund 10 km sind es dann von hier aus nach Mücheln-Gröst nahe dem Geiseltalsee, wo das Weingut Mario Thürkind „Urlaub beim Winzer" verspricht und nebst einer Straußenwirtschaft auch

eine Vinothek betreibt. Danach kommt ein ganz großer Schlag hinauf zum nördlichsten der Saale-Unstrut-Weine von Weinbau Dr. Lindicke, der mit der „Straußwirtschaft im Wachtelwinkel 30“ lockt, gut 190 km entfernt. – Aber vielleicht ist das für eine Rundreise denn doch zu weit, so dass das Harzer Weingut Kirmann in Westerhausen mit seinem Hofladen in Frage kommen mag, was „nur“ 112 km weit ist – und man kann dabei auch einen Zwischenstopp in Kütten an der Saale machen, wo der wilde und mehr als trinkfeste Barock-Dichter Christian Reuter gebürtig war (wie der Haus-Autor des Verlages Olaf Velte in seinem kecken Buch „Reuters Kiste“ erzählt, und wo es noch heute wie in des Barock-Dichters Tagen ausschaut, was selbiger Velte in dem zweiten regional höchst aufschlußreichen Bändchen „Ein gewisser Christian Reuter aus Kütten“ zu entfalten weiß). Oder lieber nach Salzatal mit den zwei Destinationen Weingut Weinwerk und Weingut Born, das bereits nach 46 km erreicht ist? – Sicher ist diese Tour die weiteste und letztlich schon für sich eine ganz eigene Weinreise und -welt.

Drei Generationen-Weingut

Weingut Böhme & Töchter 24

Ölgasse 11
06632 Gleina
SACHSEN-ANHALT
Tel. 0344 62 220 43, Fax 606 91
info@boehme-toechter.de
www.boehme-toechter.de

Eigentümer: *Frank Böhme, Marika Sperk, Toska Grabowski*
Gründungsjahr: *1985 (2003)*
Rebfläche: *5,5 ha*
Wichtigste Rebsorten: *Weißburgunder, Riesling, Müller-Thurgau, Spätburgunder, Chardonnay, Traminer*
Mitgliedschaft: *Breitengrad51*
DAS GEHÖRT DAZU: *Vinothek im historischen Vierseitenhof*

Senior Werner Böhme (Jahrgang 1936), der immer noch im Betrieb aktiv ist, machte schon 1985 den Anfang mit Weinbau auf 0,5 Hektar und sah es mit Freuden, dass Sohn Frank (1962) ab 2003 mit 3 Hektar ein richtiges Weingut ins Leben rief. Und weil sich herausstellte, dass dessen beide Töchter Marika (1987), verheiratete Sperk, und Toska (1986), verheiratete Grabowski, Interesse am Weinbau zeigten, bot sich eine Einbeziehung der beiden in den Betriebsnamen an. Vollzogen wurde sie 2013. Inzwischen hat sich Frank Böhme etwas zurückgezogen. Marika, die Weinbau und Oenologie studierte, übernahm mit ihrem Gatten Sandro Sperk die operative Leitung und Verantwortung für den Ausbau der Weine. Toska bringt sich nach ihrem Studium Medien- und Kommunikationswissenschaft mit ihren Fachgebieten ein.

Auffällig wurde der Betrieb vor einigen Jahren bei der großen Jahrgangsverkostung der ostdeutschen Anbaugebiete, als alle aufgebotenen Weine als Entdeckung eingestuft wurden. Bald darauf tauchte das Gut als „Newcomer" im Weinmagazin Vinum auf. Spezielle Rezepturen dafür gibt es nicht. Handlese und schonende Verarbeitung der Trauben und des Mostes sind selbstverständlich. Beim Weißwein darf es Spontangärung und Lager auf der Fein- oder Vollhefe sein. Und die besten Weißweine werden vom Holz geküsst. Beim Rotwein wird offene Maischegärung praktiziert. Im Anschluss wird nur zart gepresst. Der Ausbau findet ausschließlich im Holz statt, je nach Anspruch in neuen oder gebrauchten Fässern. Lagenweine und Breitengrad51 kommen unfiltriert in die Flaschen.

Lust auf Experimente

Weinbau Roland Bähler 25

Lauchaer Straße 1
06632 Gleina
SACHSEN-ANHALT
Tel. 0344 62 219 98, 0151 563 070 42
Weinbau-baehler@web.de
www.weinbau-baehler.de

Eigentümer: *Roland Bähler*
Rebfläche: *0,2 ha*
Wichtigste Sorten: *Spätburgunder, Weißburgunder*

Weil der Vater bereits im Weinbau tätig war, fand Roland Bähler (Jahrgang 1965) schon im jugendlichen Alter in den achtziger Jahren Bezug zum Wein und durfte Weine und sogar Liköre verkosten. Aber dann wurde er, mangels Möglichkeiten für Eigenbau, zunächst Heizungsinstallateur, ehe ihn ab 1996 wieder der Ruf des Weines ereilte und er ab 2001 Mitarbeiter und Kellermeister im Weingut Klaus Böhme wurde. Nebenbei hatte er damals schon mit dem Aufbau eines eigenen, kleinen Weingutes begonnen.

Die Flur im Freyburger Schweigenberg mit Muschelkalkverwitterung im Boden ist mit ihren 45 % Steigung

nicht leicht zu bewirtschaften, zumal Bähler hier nach dem Motto „Weniger ist mehr“ arbeitet, sprich er reguliert die Erträge. Ausgebaut werden die Weißweine in seinem Keller in Gleina reduktiv im Edelstahl mit einem längeren Lager auf der Feinhefe. Spätburgunder und Merlot, die erst im Herbst nach der Ernte in den Verkauf kommen, liegen im Holzfass. Aus Spätburgunder wird auch Blanc de Noir. Ansonsten wird die Sorte mit Merlot vermählt und avancierte als Cuvée zu seinem wichtigsten Wein. Gelegentlich leistet er sich Experimente wie einen Spätburgunder à la Port und strebt edelsüße Beerenauslesen an. Wichtig ist dem Genießer, dass alle seine Weine gut kombinierbar mit Essen sind: Weiß zu Meeresfrüchten, Rot zu saftigen Rindersteaks.

Im Einklang mit der Natur

Weingut Mario Thürkind 26
Neue Dorfstraße 9
06632 Mücheln-Gröst
SACHSEN-ANHALT
Tel. 034 633 228 78
info@weingut-thuerkind.de
www.weingut-thurkind.de

Eigentümer: *Mario Thürkind*
Gründungsjahr: *1991*
Rebfläche: *12 ha*
Wichtigste Sorten: *Weiß- und Grauburgunder, Müller-Thurgau, Riesling, Muscaris, Sauvignon Blanc, Zweigelt, Portugieser*
DAS GEHÖRT DAZU: *Urlaub beim Winzer (3 DZ, 2 FW), Straußwirtschaft, Vinothek*

Weinbau bestimmt schon lange das Leben der Thürkinds. Vater Rudolf war bis zu seinem Ruhestand in 2014 Kellermeister der Winzervereinigung Freyburg und baute nebenbei nach Rückübertragung von Weinbaufläche der Familie nach der Wende ein kleines Weingut mit anfangs 1,3 ha auf. Junior Mario (Jahrgang 1978) war schon als Teenager dabei und absolvierte dann konsequent eine gute Ausbildung mit Lehre, Technikerschule in Bad Kreuznach und Praktikas in deutschen Anbaugebieten, ehe er 2003 ins

elterliche Weingut einstieg und 2005 die komplette Verantwortung übernahm. Dabei steht ihm Gattin Antje zur Seite.

Er kaufte und pachtete Rebfläche dazu und legte dabei besonders viel Wert auf deren Zustand durch Einfuhr von Kompost und Humus. „Wir arbeiten im Einklang mit der Natur auch für die nächsten Winzergenerationen. Eigentum verpflichtet und muss gepflegt werden" ist sein Prinzip. Zielsetzung beim Wein ist „charaktervoll, betont herb." Dazu tragen gezügelte Vergärung und ein langer Hefekontakt bei den Weißweinen bei. Bei Rot kommt der Portugieser in Barriques. Die Erntemengen sind niedrig. Abgefüllt wird, etwas ungewöhnlich, in weiße Bordeaux-Flaschen. Bei den Sorten schätzt er besonders die weiße Burgunderfamilie und wagt sich auch an ungewöhnliche Sorten wie Sauvignon blanc (die Vater Rudolf schon in den 70er Jahren bei der Genossenschaft vinifizierte) und Muscaris. „Ein qualitativer Grundstein der Region", ist im VINUM-Weinguide über den Betrieb vermerkt.

Weingut Born

Weingut Born 27

Wanslebener Straße 3
06198 Salzatal-Höhnstedt
SACHSEN-ANHALT
Tel. 0346 01 229 30, Fax 200 39
info@weingut-born.de
www.weingut-born.de

Eigentümerin: *Elisabeth Born*
Gründungsjahr: *1990*
Rebfläche: *10 ha*
Wichtigste Sorten: *Weißburgunder, Riesling, Zweigelt*
Mitgliedschaft: *Breitengrad 51*

Dass Höhnstedt an der Weinstraße Mansfelder Seen in der Nähe von Halle zu den aufstrebenden Weinorten an Saale-Unstrut zählt, hat etwas mit der Aufbauarbeit des Weingutes Born zu tun. „Abstecher empfehlenswert" lautet ein Tipp der Saale-Unstrut-Vinothek in Naumburg. Die Familie ist schon in fünfter Generation im Weinbau tätig. Senior Günter Born war einer der Ersten, der sich nach der Wende aus der Freyburger Genossenschaft abmeldete und selbstständig machte. Beim Wein fiel er bald mit seiner kompromisslosen Stilistik positiv auf. „Knochentrocken" wollte er seine Weine haben, auch wenn er damit vielleicht bei manchen aneckte.

Seit 2010 wirkten Tochter Elisabeth (Jahrgang 1985) und ihr Mann Jochen (1983) mit. Kennengelernt hatten sich die beiden beim Studium in Geisenheim, wo sie für

Weinbau büffelte, während er Getränketechnologie als Fach hatte. Bei ihr gab es zusätzlich Aufenthalte in Neuseeland und Südafrika. Der in Württemberg gebürtige Gatte hat in seiner Vita noch eine Ausbildung bei Topwinzer Rainer Schnaitmann in Fellbach stehen. So gerüstet konnte sie schließlich den Betrieb offiziell 2016 übernehmen.

Ein bisschen, aber nicht viel, haben sie an ein paar Stellschrauben gedreht. Schonende Traubenverarbeitung, Spontangärung, langes Feinhefelager und reduktiver Ausbau bei den nach wie vor betont herben Weißweinen ist Standard. Die Rotweine werden in kleinen Bütten auf der Maische vergoren und dürfen danach in 300-Liter-Fässern reifen. Zielsetzung: „Wir wollen Weltklasse-Riesling erzeugen." Und die Umstellung auf Bio 2021 vollenden.

Der Brückenbauer

Weingut Weinwerk 28

Feldstraße 15b
06198 Salzatal-Höhnstedt
SACHSEN-ANHALT
Tel. 0176 782 588 01
Hartmut-schreiter-extern@deutschebahn.com

Eigentümer: *Hartmut Schreiter*
Gründungsjahr: *2008*
Rebfläche: *0,31 ha*
Wichtigste Sorten: *Scheurebe, Cabernet Noir, Traminer*

Naumburg und Freyburg, die „Hauptstädte" des Anbaugebietes, liegen ein Stück weiter südlich. Aber hier im gewissermaßen hohen Norden hat sich ein eigenständig anmutendes Gebiet mit der Weinstraße Mans-

felder Seen zwischen Eisleben und Halle entwickelt. Einer, der mit viel Begeisterung und Schützenhilfe von der Familie und Freunden Weinbau betreibt, ist Bauingenieur Hartmut Schreiter (Jahrgang 1967). Bereits 1993 begann er nach Einheirat in eine Familie, die etwas Reben bewirtschaftete, als Hobbywinzer. 2008 entschloss er sich zur offiziellen Gründung eines kleinen Weingutes mit großen Ambitionen. Davon ließ er sich auch nicht abbringen, als er 2016 Projektleiter des Brückenbauprogramms Ostbrandenburg im Auftrag der Deutschen Bahn wurde. Vielmehr lautet seitdem sein Motto „Wein baut Brücken".

Zwei Sorten haben es ihm besonders angetan: die aromatische Scheurebe, die er gern im edelsüßen Bereich ansiedelt, und die Schweizer Piwi-Kreuzung Cabernet Noir, die jedes Jahr stattliche Mostgewichte liefert und im Barrique reifen darf (die Weißweine werden im Edelstahl ausgebaut). Ehrgeiz wird erkennbar durch Anstellungen bei der Landesweinprämierung, die schon mehrfach mit Gold belohnt wurden. Zielsetzung ist, nicht größer, aber noch besser werden.

Paradiesvogel bei Berlin

Weinbau Dr. Lindicke 29
Am Piessower Eck 2
14542 Werder (Havel)
BRANDENBURG
Tel. 033 27 741 410, Fax 741 412
weinbau@lindicke.de
www.weinbau-lindicke.de

Eigentümer: *Dr. agr. Manfred Lindicke*
Gründungsjahr: *1996*
Rebfläche: *7,6 ha (Pacht)*
Wichtigste Sorten: *Müller-Thurgau, Regent, Sauvignon Blanc, Musacaris, Dornfelder*
Mitgliedschaft: *Piwi International*
DAS GEHÖRT DAZU: *Straußwirtschaft im Wachtelwinkel 30*

Er ist ein Paradiesvogel im Weinbaugebiet Saale-Unstrut. Schon deshalb, weil seine Weinberge nahezu 200 Kilometer entfernt vom Zentrum der Region liegen, nahe bei Berlin, auf dem 52. Breitengrad. Damit gehören sie eigentlich zu Brandenburg. Aber der gelernte Obst-Experte, der von 1985 bis 1990 Bereichsleiter für Erdbeeren mit 200 ha in der GPG Obstproduktion Werder war, will Qualitätswein auf seinen Etiketten stehen haben. Also ließ er sich Saale-Unstrut zuordnen. Nach der Wende wurde er freiberuflicher Obstanbauberater, registrierte, dass im Werderaner Wachtelberg noch he-

runtergekommene Rebstöcke wucherten und pachtete die Fläche von der Kommune, um professionell Wein zu machen. Später kam noch etwas Fläche am Galgenberg in der Nachbarschaft hinzu.

Lange Zeit ließ er seine Trauben mit Kühllastern umständlich ins Landesweingut in Bad Kösen transportieren, um sie dort in Wein umzuwandeln. 2012 leistete er sich eine eigene Kelterhalle in Werder. Hier kann er selbst mit Edelstahltanks Weißweine vinifizieren. Die Rotweingärung erfolgt in Maischetanks, danach wird der Jungwein entweder in Stahl, Holzfass oder Barriques ausgebaut. Lindickes Spezialität sind Piwi-Sorten wie Sauvignac, Cabernet blanc, Saphira, Muscaris, Pinotin und Kernling, mit denen er bei Prämierungen Staat macht. Saphira wird auch im bekannten Mosel-Sektgut St. Laurentius versektet. Sein roter Pinotin entzückte sogar einmal den kritischen Internet-Journalisten CaptainCork, der urteilte: „Überraschend angenehm und würzig."

Do-it-yourself-Winzer im Harz

Harzer Weingut Kirmann 30

Westerhäuser Gartenstraße 532
06502 Westerhausen
SACHSEN-ANHALT
Tel. 039 46 70 14 66
Harzer-weingut@t-online.de
www.harzer-weingut.de

Eigentümer: *Matthias Kirmannn*
Gründungsjahr: *1995*
Rebfläche: *3,2 ha*
Wichtigste Rebsorten: *Riesling, Weißburgunder, Gewürztraminer, Müller-Thurgau, Spätburgunder, Cabernet Mitos, Dornfelder*
DAS GEHÖRT DAZU: *Hofladen*

Das Gut liegt weit weg vom Schuss auf Breitengrad 51,8, rund 120 km nördlich von Naumburg mitten im Harz. Dass es vor Ort nicht leicht zu finden ist, verdeutlicht ein Hinweis auf einem Prospekt: „Im Ort nach Weingut fragen oder anrufen, wir leiten Sie dann zu uns". In dieser alles andere als weintypischen Region begann Matthias Kirmann (Jahrgang 1966) noch kurz vor der Wende Abschied vom Obstwein zu nehmen, den der Vater und Großvater produziert hatten. Der gelernte Vermessungstechniker startete mit 400 Reben, deren Ertrag überwiegend an die Genossenschaft in Freyburg geliefert wurde.

1995, nachdem er den Weinbau in verschiedenen Arealen erweitert hatte, wagte er den Sprung in die Selbstständigkeit mit Kellerei, Lager, Verkostungsraum und Büro. Mit seiner Frau Gritta, die den Hofladen managt, betreibt er „Weinbau als Handwerk mit Leib und Seele". 1999 wurde er noch auf Fluren im 5 km entfernten Quedlinburg mit geeigneter Fläche fündig. Bemerkenswert ist, dass er sich bei An- und Ausbau ausschließlich auf Literatur stützte und nie eine entsprechende Schulbank drückte.

Wer die Weine des Do-it-yourself-Winzers verkostet, stellt schnell fest, dass sie ohne Fehl und Tadel sind und Kirmann durchaus auf dem Niveau des Kerngebietes arbeitet. Besonders zu loben sind die Cuvée Riesling/Traminer, Müller-Thurgau, Dornfelder und Cabernet Mitos. Die Erntemengen sind gering (rund 35 hl/ha). Das Klima ist gemäßigt, im Sommer müssen die Reben teilweise bewässert werden.

4. Wein-Tour

Die südliche Ost-West-Achse

Runde 106 km sind es von Zeitz, das circa 30 km östlich von Naumburg liegt, über Jena nach Erfurt. Das sind die drei Städte, in denen es für Saale-Unstrut-Wein vierfach Station zu machen lohnt: Die Weingüter sind Wein- und Sektgut Hubertus Triebe in Zeitz-Würchwitz, auf halber Strecke Weingut Wolfram Proppe in Löberschütz nahe der Saale nordöstlich von Jena sowie Erfurter Weinzunft 2002 e.V. und Weinbau Jörn Goziewski in der Vereinigten Kirchen- und Klosterkammer, beide mitten in Erfurt. – Natürlich kann, wer in der kulturgeschichtsträchtigen Städtelandschaft unterwegs ist, in Weimer Stopp machen, den Weinvorlieben des älteren Goethe nachschmecken (und in unserem Bändchen „Die letzte Krankheit Goethes" nachlesen) und insgesamt auf großartige kulturelle Entdeckungsfahrt gehen. Konzentrieren wir uns hier aber

auf die vier Weingüter, die zumal in ihrer Art eine schöne Vielfalt der Wein-Ambiente bieten. Und natürlich ist beim Navigieren im Kopf zu behalten, daß wir hier ziemlich genau entlang dem 51. Breitengrad unterwegs sind, zu dem schon ab Seite 53 einiges zu erfahren war.

Heimisch an der Weißen Elster

Wein- und Sektgut Hubertus Triebe 31

Mittelweg 18
06712 Zeitz-Würchwitz
SACHSEN-ANHALT
Tel. 034 426 214 20, Fax 214 99
Bauer.triebe@t-online.de
www.weingut-triebe.de

Eigentümer: *Familie Triebe*
Gründungsjahr: *1999*
Rebfläche: *14 ha*
Kellermeister: *Hartmut Duchrow*
Wichtigste Rebsorten: *Müller-Thurgau, Weiß- und Grauburgunder, Ortega, Bacchus, Dornfelder, Regent, Spätburgunder*

Das „Bauer" in der Mail-Adresse deutet das zweite Standbein der „umtriebigen" Familie Triebe an, nämlich die Landwirtschaft. Aber dem Weinbau gilt seit über 20 Jahren eine große Portion Leidenschaft. Begonnen hatte alles mit einer Erwähnung von Rebbaurecht in einer Tageszeitung für das Gebiet an der Weißen Elster, rund 40 km südöstlich von Naumburg. „Ist doch was für uns", dachte sich Grit Triebe, die starke Frau im Haus. Mit ihrem Gatten Hubertus wurden nach Klärung der Pflanzrechte so nach und nach rund 15 000 Stöcke gepflanzt. Im Herbst 2001 konnte die erste Ernte eingebracht werden.

Weil damals kein Wein-Profi in der Familie war, holte man sich einen erfahrenen Winzer und Kellermeister ins Haus. Hartmut Duchrow ist außerdem seit 2011 Chef einer eigenständigen Sektkellerei. Er hat dafür gesorgt, dass auch bei den Triebes Winzersekt Einzug hielt. Ansonsten sieht sich das Weingut vornehmlich als Weißwein-Betrieb. Der Weißburgunder hat dabei die Favoritenstellung. Die roten Sorten werden zum Rosé oder wandern in die Versektung. Stolz ist man auf diverse Medaillen bei verschiedenen nationalen und internationalen Wettbewerben. Vermarktet wird überwiegend ab Hof in der vom Deutschen Weininstitut bereits ausgezeichneten Vinothek.

Gesichert ist die Zukunft: Tochter Annemarie machte die Winzer-Ausbildung im elterlichen Betrieb und avancierte dann in Veitshöchheim zur staatlich geprüften Weinbautechnikerin. Aktuell ist sie – mit verlängerter Amtszeit bis 2021 – Gebietsweinkönigin Saale-Unstrut.

Orchideen im Glas

Weingut Wolfram Proppe 32

Dorfstraße 13
07751 Löberschütz
THÜRINGEN
Tel. 03641 296 35 14, 0176 209 69 225
info@wolfram-proppe.de
www.wolfram-proppe.de

Eigentümer: *Wolfram Proppe*
Gründungsjahr: *2006*
Rebfläche: *5 ha*
Wichtigste Rebsorten: *Auxerrois, Chardonnay, Kerner, Cabernet Blanc, Roter Riesling*
Mitgliedschaft: *Breitengrad 51*

Wolfram Proppe (Jahrgang 1982, geboren in Jena) begann früh mit Weinbau. Schon als Kind verbrachte er bei Freunden in Württemberg viel Zeit in den Reben und packte mit an. Hier entstand bereits der Berufswunsch und reifte die Erkenntnis: „Ich kann und will nichts anderes." Nach einer Winzerlehre in Heilbronn und dem Besuch der Technikerschule in Weinsberg war er Kellermeister beim ersten Thüringer Weingut Bad Sulza. Im Nebenjob begann er ab 2006 langsam mit Weinbau, zunächst auf lediglich 0,25 ha. Aber in „Viertelhektarschritten" wurde mehr daraus, so dass er sich 2014 mit der

Weinbetriebswirtin Wencke Proppe an seiner Seite im Gleistal bei Jena selbstständig machen konnte. 2018 siedelte er um in einen Gutshof in Löberschütz und konnte damit ein richtiges Weingut vorweisen.

Besonders stolz ist er auf die Monopollage Golmsdorfer Gleisburg in einer Region, die für wärmeliebende Orchideen bekannt ist. Er sorgt gewissermaßen für Orchideen im Glas durch viel Handarbeit in den Reben und akribische Sorgfalt im Keller. Dabei setzt er auf schonendes Absitzenlassen des Mostes, langes Hefelager und wenig Bewegung. Auch Weißweine kommen teilweise ins Holzfass. Bei Rot wird ausschließlich Maischegärung in Kombination mit Holzfassausbau praktiziert. Hin und wieder lässt er sich von der Natur mit Edelsüß beschenken. Highlight ist eine Cabernet Jura Trockenbeerenauslese 2016. Generelle Zielsetzung: „Gutes noch besser machen. Und entgegen der Zeit nicht weiter wachsen."

Rheinhessen stand Pate

Erfurter Weinzunft 2002 e.V. 33

Elisabethstraße 3
99096 Erfurt
THÜRINGEN
Tel. 0172 629 06 22
info@erfurterweinzunft.de
www.erfurterweinzunft.de
Verkauf: www.thueringer-spezialitaetenmarkt.de

Vorsitzender: *Michael Schneider*
Gründungsjahr: *2002*
Rebfläche: *0,23 ha*
Wichtigste Rebsorten: *Riesling, Müller-Thurgau*

Kein klassisches Weingut, auch kein einzelner Winzer, sondern eine Truppe von 25 begeisterungsfähigen Weinfans (darunter einige Frauen), die sich intensiv mit der Wiederbelebung des einst umfangreichen Erfurter Weinbaus beschäftigen. Dessen frühere Größenordnung werden sie zwar nie erreichen. Aber ein Anfang ist gemacht ...

Begonnen hatte alles damit, dass Winzer aus dem rheinhessischen Bechtheim zur 1250-Jahr-Feier der Stadt Erfurt (erste urkundliche Erwähnung anno 742 durch Bischof Bonifazius aus Mainz als „Erphesfurt") im Jahr 1992 auf dem Petersberg einen Schau-Weinberg übergaben. Grund war eine 1935 übernommene Patenschaft von Erfurt mit dem rheinhessischen Weinort, die nach der Wende richtig wiederbelebt wurde. Gepflanzt wurde dort, wo von 1060 bis 1803 das Benediktinerkloster St. Peter und St. Paul stand. Betreut wurden die Reben sechs Jahre lang vom Gartenamt und der Bauhütte Petersberg, dann übernahm der Verein „Freunde der Citadelle Petersburg zu Erfurt" das Areal mit knapp 200 Stöcken. 2002 bildete sich aus diesem Verein die eigenständige Erfurter Weinzunft heraus. Zwei Jahre später wurden 340 Riesling-Reben gepflanzt und die neue Fläche im Weinkataster Thüringen eingetragen. Durch Bauarbeiten musste 2020 ein Teil der Fläche gerodet werden, aber eine Neuanpflanzung fand schon kurz darauf statt, so dass 2022 die übliche Erntemenge von etwa 1000 Liter wieder erreicht werden kann.

Die Weine werden trocken ausgebaut. Riesling ist das Aushängeschild. Die sonstigen Weiß- und Rotweine werden als „Benedictus Cuvée" deklariert. Vinifiziert wird vor Ort, die Abfüllung besorgt das Thüringer Weingut Bad Sulza.

*D*ie Renaissance des Weinbaus von Erfurt

Weinbau Jörn Goziewski 34

Vereinigte Kirchen- und Klosterkammer
Alfred-Hess-Straße 34
99094 Erfurt
THÜRINGEN
Tel. 0361 30 25 460, 0172 477 69 42
joern.goziewski@klosterkammer-erfurt.de

Eigentümer: *Vereinigte Kirchen- und Klosterkammer*
Gegründet: *2020*
Rebfläche: *8 ha (geplant)*
Wichtigste Rebsorten: *Riesling, Spätburgunder, Chardonnay, Goldmuskateller, Viognier*

Sommer 2020. Der Wind fächelt sanft über den von der Sonne bestrahlten Hang in der Nähe des Friedhofs von Erfurt unweit der Binderlebener Landstraße. Zwischen den Rebzeilen überprüft ein junger Mann, ob die erst

vor wenigen Monaten eingepflanzten Reben den Frost und Hagel in den letzten Wochen gut überstanden haben und zieht dann das Fazit: „Nicht tragisch." Es wird also keinen Fehlstart für Jörn Goziewski geben. Der gebürtige Erfurter (Jahrgang 1981) ist auf einem guten Weg, in seiner Heimatstadt mit Wein durchzustarten und 2022 die erste richtige Ernte einzufahren.

Erfurt war vor einigen hundert Jahren noch eine bedeutende Weinmetropole. In manchen Schriften ist von bis zu 2000 Hektar Rebfläche die Rede. Viele Anhöhen und Hügelrücken wurden genutzt. Der Wein galt als herb und würzig und wurde bis nach Hamburg, Bremen und Lübeck verkauft. So etwas ist auch die Zielsetzung für Goziewski, den man durchaus als eine Art Paradiesvogel der Weinszene bezeichnen kann. Zum Wein kam er durch seinen Vater Rudolf, als er etwa 18 Jahre alt war. Bald darauf machte er ein Praktikum im Rheingau, studierte Weinbau in Geisenheim und bildete sich in Südtirol, Spanien und Neuseeland fort. Danach wurde er Betriebsleiter in der Ankermühle im Rheingau und machte mit ungewöhnlichem Riesling auf sich aufmerksam. Da sich sein Arbeitgeber aus dem Weinbau verabschiedete und auf das Restaurant konzentrierte, baute Goziewski selbst in Geisenheim einen kleinen Betrieb, genannt Jörn, mit 1,5 Hektar auf, in dem er „Naturwein mit Ecken und Kanten, aber mit maximaler Feinheit" erzeugt.

Doch die Idee, in seiner Heimat mit Weinbau zu beginnen, ließ ihn nicht los. Er wurde bei der Stadt vorstellig, regte an, dass zur Bundesgartenschau 2021 ein Weinberg zum Programm gehören soll, blitzte ab, bekam aber Zugriff auf 1000 qm im Hopfgarten bei Weimar, wo schon die erste rote Cuvée im 500-Liter-Holzfass liegt, im Keller eines Hobbywinzers, der seine Aktivitäten unter „Weingut Weimar" betreibt, aber nicht ernsthaft auf dem Markt auftritt. Ein glücklicher Zufall führte ihn mit der Vereinigten Kirchen- und Klosterkammer Erfurt zusammen, eine traditionsreiche Einrichtung der Landeshauptstadt, die knapp 2000 Hektar Grundbesitz verwaltet. Goziewski rannte mit seiner Idee wohl eine offene Tür „bei sehr weinaffinen Leuten" ein. Jetzt hat sich die Stiftung zum Ziel gesetzt, eine Renaissance der Erfurter Weinkultur zu fördern. Das Projekt wird vom Ministerium für Infrastruktur und Landwirtschaft gefördert. Die Bundesanstalt für Landwirtschaft und Ernährung erteilte die Genehmigung für zunächst fünf und dann weitere drei Hektar im Flurstück „Pfaffenlehne".

Jörn Goziewski hofft, dass es auch grünes Licht für den Bau eines Kellers mit Vinothek neben den Reben geben wird. Für die Fläche wird die Demeter-Zertifizierung angestrebt, mit biodynamischem Weinbau. Die Voraussetzungen dafür sind geschaffen. Bei den Weinen selbst sollen Extreme wie im Rheingau mit langer Maischestandzeit beim Riesling und Verzicht auf Filtration weitgehend vermieden werden. Er ist sich bewusst, dass gerade im Tourismus „normale" Weine wichtig sind.

Erfurter Weinlied

Da wir nun unsere vier Wein-Reisen in Saale-Unstrut in der Umgebung von Erfurt beenden, kommt hier noch ein kleiner Nachschlag: Im Jahr 1807 gab es in den Erfurter Ortschaften noch 657 Morgen Weinbaufläche, mit einem Preußischer Morgen zu 0,25532 ha entspricht das 167,75 ha. 1837 gab es nur noch 76 Morgen, also gerade einmal 19,40 ha. Dies ist einer der Hintergründe für das „Erfurter Weinlied", das Cl. Liebeskind Quelle: „Der Weinbau in den Ortschaften des ehemaligen Erfurter Gebietes in früherer Zeit" Cl. Liebeskind 1912 im Jahrbuch des Vereins für Heimatkunde im Amtsbezirk Vieselbach abgedruckt und das Holger Werner vom Erfurter Weinzunft 2002 e.V. wiederentdeckt hat:

Von vielen wird der Rheinwein hoch erhoben,
s' ist auch ein schöner Wein;
Doch darf ich auch wohl meinen Landsmann loben,
Erfurter edlen Wein.

Freund Asmus singt: „Thüringens Berge bringen
Gewächs, sieht aus wie Wein."
Ihm aber schenkte man, dabei zu singen,
nur Jen'schen Krätzer ein.

Ha, sollt' ich ihn, den lieben Sänger, sehen
in meiner Vaterstadt,
mit ihm würd' ich zu manchem Freunde gehen,
der Mutterfäßchen hat.

Ihn ließ er sicher nicht im Glas verdunsten,
er zechte, schlürfte tief.
Ich ruhte nicht, bis er zu unseren Gunsten
die Verse widerrief.

Ja, hätt' er nur – er würde gern ihn nehmen –
ein Stückfaß je geerbt.
Prahlt er schon nicht, wie der im großen Bremen,
mit Heidelbeer' gefärbt,

so gut, als wie sein Nachbar an der Saale
bei Naumburg ist auch er.
Versetzt mit Kirschessenz, als Weinkaltschale
mit Zwieback, Zimmt, Erdbeer

und Zucker angemacht und aufgetragen,
gibt er ein trefflich Mahl,
und wird gewiß dem lieben Gast behagen
so wie in dem Pokal.

Fragst, Fremdling, du: „Wo wachsen diese Reben?"
So sieh nur um dich, Freund!
Von Rebenbergen ist die Stadt umgeben,
wohin die Sonne scheint.

Ich nenne dir nur kürzlich zum Exempel
den Katz- und Rothenberg.
Die Daberstädter bauten ihren Tempel
auf einen Rebenberg

Sankt Cyriax birgt seine Invaliden
vor aller Lebensmüh',
und unter ihm stärkt sein Gewächs die Müden
bald und erheitert sie.

Das Borntal gibt nebst einer Silberquelle
auch geist'gen Labetrank.
Freund Bacchus und sein lustiger Geselle
beginnt dort manchen Schwank.

Am Stollberg hängt man nicht mehr arme Sünder
aus Gram und Grillen hin;
kein Rabe krächzt; des Bacchus Lieblingskinder
sehn hier den Weinstock blühn.

Bei Tiefthal schlingen sich die edlen Ranken
des Weinstocks um den Pfahl;
vom Traubensaft-Genuß entflieht dem Kranken
die Welt als Jammerthal.

Die Schwellenburg – man sieht sie schon von weitem –
wo das Kaninchen heckt,
gibt Wein, der, traun zu allen Tageszeiten
dem Gaumen lieblich schmeckt.

Walschleben, Mölsen, Ollendorf, Hopfgarten,
Schwerborn, Zimmern infra,
Töttleben, Marbach liefert manche Arten
von Wein, wie Witterda.

Großvarguls, Dachwigs, Vippachs Berge geben
nur wenig guten Wein;
allein man pflegt hier spärlich diese Reben.
Kleinbrembachs Berg ist klein.

Da, wo die Winzer nicht den Berg behacken,
nichts von der Kelter fleußt,
wächst Korn und Weizen, Zwieback aus zu backen,
den man zum Wein verspeist.

Ist unser Wein kein Muskat, kein Burgunder,
Liebfrauen-Milch und -Stein,
so trinken wir, und sind gesund und munter,
ein Glas Erfurter Wein.

Denn ach, der Rhein, kehrt hämisch seinen Rücken
uns zu, sein Weingesicht
den Fremden hin; wir sehn's mit trüben Blicken,
allein wir grollen nicht.

Bildnachweise & Quellen

S. 11 Zeitschrift Weinfreund
S. 12 Torsten Biel Fotodesign, Naumburg
S. 15 Hessisches Staatsarchiv, Marbach
S. 18 Vereinigte Kirchen- und Klosterkammer
S. 22 beide Bilder, Winzervereinigung Freyburger
S. 27 Willi Sitte, „Junge mit Märchenbuch“, Gouache, 1959, im Besitz des Verlags
S. 31 Weinstraße, Winzervereinigung Freyburger
S. 35 Naumburger Tageszeitung, Andreas Stedler
S. 36 und 37 Sophia Lippemeier, Göttingen
S. 38 u. Frank C. Mey, Erfurt
S. 40, o. Weinbau am Geiseltalsee
S. 40 u. Thüringer Weingut Zahn, Großherinen-Kaatschen
S. 41ff. Rebsorten, Archiv des Verlags
S. 51 Autogrammkarte, im Besitz des Verlages
S. 53-55 Peter Eichler Fotografie, Leipzig, www.petereichler.de
S. 57 Weinbruderschaft, Freyburg
S. 58 Dieter Hanisch, Freyburg
S. 61 Blindverkostungs-Flaschen, Gisela Pöhler
S. 63ff. Rotkäppchen-Mumm, Eltville / Freyburg
S. 103 Charly Hübner
S. 107 Gregor Gysi
S. 127ff. wenn nicht anders vermerkt: bei den jeweiligen Weingütern
S. 220 „Erfurter Weinlied“, das Cl. Liebeskind Quelle: „Der Weinbau in den Ortschaften des ehemaligen Erfurter Gebietes in früherer Zeit“ Cl. Liebeskind 1912 im Jahr-

buch des Vereins für Heimatkunde im Amtsbezirk Vieselbach abgedruckt und das Holger Werner vom Erfurter Weinzunft 2002 e.V.
Karten S. 34, 124, 129, 171, 193 und 209 beim Verlag
Sonstige Abbildungen, auch S. 86, Archiv Rudolf Knoll

Schriften zur Weingeschichte

Helmut Arntz
Die Geschichte der Sektkellerei Kloß & Foerster
Gesellschaft für Geschichte des Weines
Helmut Arntz
Von Sektmarken, Champagnerfamilien
und der Trinkkultur
Gesellschaft für Geschichte des Weines
Horst Scharfenberg
Sekt – Perlendes DeutschlandHallwag Verlag
Horst Dohm
Sekt zwischen Kult und Konsum
Meininger-Verlag
Rudolf Knoll / Britta Binzer
Winzer & Weine im Sächsischen Elbland
Edition Sächsische Zeitung

Zum Autor

Rudolf Knoll

Rudolf Knoll wurde 1947 in München geboren und schreibt seit mehr als 40 Jahren über Wein. Seit 1984 ist er Redakteur des europäischen Weinmagazins Vinum und hat hier besonders Deutschland, Österreich, Griechenland und Osteuropa im Fokus. Er ist immer auf der Suche nach Entdeckungen und will besonders die Leute hinter dem Wein erkennbar machen. Den deutschen Weinosten hat er erstmals 1984 bereist, seine Eindrücke in einer vierteiligen Reportage festgehalten und war kurz nach der Wende wieder vor Ort. Das mündete in weitere Geschichten – und in einen Pressepreis des Weinbauverbandes Saale-Unstrut im Jahr 2004. Das war nur eine von zahlreichen Auszeichnungen. So ist er Bacchus-Preisträger in Österreich, wurde mit dem Publizistikpreis des Verbandes der Prädikatsweingüter (VDP) geehrt und vom Land Baden-Württemberg mit der Staufer-Medaille für seine Verdienste um den deutschen Rotwein bedacht. Seit 1996 lebt er in Schwandorf – für ihn der „Weinmittelpunkt Europas" mit jeweils nur drei Stunden Fahrtzeit in die Wachau, Württemberg, Rheingau, Saale-Unstrut und Sachsen. Der ungebrochen aktive Fachjournalist, der bislang mehr als 50 Weinbücher geschrieben hat, wird als ein „Urgestein des deutschen Weinjournalismus" bezeichnet.

WINZERVEREINIGUNG
FREYBURG-UNSTRUT

Wenn Sie dieses Buch von Rudi Knoll über die Weine und Winzer in Saale-Unstrut gerne gelesen (und angewandt) haben, dann könnten auch diese Bücher aus meinem Verlagsprogarmm Ihr Interesse finden:

Peter Sichel ist 1992 in Mainz in eine jüdische Weinhändlersfamilie hineingeboren worden – als er 1937 Deutschland verläßt, beginnt mit seine Flucht quer durch Europa ein schier unglaublicher Lebenslauf, dessen drei große Abschnitte seine Autobiographie ***Die Geheimnisse meiner drei Leben*** erzählt: Nachdem ihm schließlich die Überfahrt nach New York geglückt ist, heuert er beim OSS, der Vorgängerorganisiation des CIA, an. Und als amerikanischer Soldat nimmt er an der Befreiung seiner Vaterstadt Mainz teil, wird über die folgenden Jahr zum Büro-Leiter des CIA West-Berlin, erlebt hier die heftigen Jahre der McCarthy-Zeit und des sich verhärtenden Eisernen Vorhangs.

Als er 1959 austritt, geht er nach New York, wo er mit seinen Cousins innerhalb zweier Jahrzehnte eine der erfolgreichsten weltweit tätigen Weinhandlungen aufzieht – und schließlich eines der bewegendsten Bücher über die fast 100 Jahre seines facetten- und begegnungsreichen Lebens aufschreibt. Hardcover mit Lesebändchen, 458 Seiten, 25 Euro.

Im Alltag war sie Kriminalhauptkommissarin beim Polizeipräsidium in Frankfurt am Main. Ihren Beruf liebte **Ute Meyer** sehr, doch gerade deshalb ist ihr von Zeit zu Zeit ein gewisser Abstand wichtig geworden. „Es gibt ein Leben nach dem Dienst!", sagte Ute Meyer schon immer, und zu diesem Leben gehört ihre Leidenschaft für den Süden. Den Süden Frankreichs. Den Midi.

Mehr als zwanzig Jahre lang verbrachte sie jeweils mehrere Wochen bei „ihrer" Gräfin in der Region Provence-Alpes-Côte d'Azur und einer Freundin im Herzen der Provence, die sie stets mit neuen lokalen Rezepten versorgen. Daß diese Gegend ihr Urlaubsziel wurde, war reiner Zufall – oder doch nicht? Im Frühjahr 1982 las sie eine Biographie über Vincent van Gogh, und seine Begeisterung für die Provence, die Gegend um Arles und St. Rémy, war ebenso ansteckend wie verlockend. Plötzlich wußte sie: „Da muss ich hin!"

Inzwischen lebt sie dort. Ihr Buch ***Küche des Midi*** ist ein kulinarischer Reiseführer und versammelt obendrein Geschichten und Rezepte aus der Provence. 200 Seiten durchgehend 4-farbig, mit über 100 Rezepten und Quellen, Portraits von Ölmühlen und Weingütern, eigensinnigen Wirten und kenntnisreichen Händlern zu 21 Euro.

Riesling aus Deutschland genoss vor hundert Jahren weltweit höchstes Ansehen. Da konkurrierten die „Creszenzen" aus Deutschland mit den begehrtesten Weinen Frankreichs: Der Weinhandel zahlte Höchstpreise und die Versteigerungen der „naturreinen Edelgewächse" aus dem Rheingau, der Rheinpfalz, aus Rheinhessen und von Mosel, Saar und Ruwer waren Ereignisse von internationalem Rang. Die beiden Weltkriege führten zu einer Abkehr der internationalen Kundschaft, die auch nach Kriegsende anhielt. Heute ist deutscher Wein längst wieder so angesehen wie zu Beginn des 20. Jahrhunderts. Mit diesem Erfolg untrennbar verbunden ist auch die Geschichte des »Verbands deutscher Prädikatsweingüter« (VDP), der 2010 sein 100jähriges Bestehen feierte. »Im Zeichen des Traubenadlers« gewährt einen intimen Blick in die Geschichte des deutschen Weins – für alle, die schon immer mehr über den „guten Tropfen" wissen wollten. Jedoch hat der deutsche Wein eine bewegte Geschichte: Sie handelt von Wein und Krieg, von „Blut und Boden" und jüdischen Weinhändlern, Wiederaufbau und Weingesetzen, vom Auf und Ab großer Namen – und dem unbeirrten Festhalten an dem

Ideal großer Weine: ***Im Zeichen des Traubenadlers: Eine Geschichte des deutschen Weins – Über die Entwicklung der VDP.Prädikatsweingüter***.

Das Buch aus der Feder des Weinkenners und FAZ-Redakteurs **Daniel Deckers** schildert informativ und unterhaltsam die wechselvolle Geschichte des deutschen Weins. Zahlreiche bislang unveröffentlichte Dokumente und Abbildungen machen den Band zu einem einmaligen Blick auf die Geschichte des deutschen Weins – für alle Kenner und Einsteiger!

Hugh Johnson: „Daniel Deckers erzählt die Geschichte des epischen Kampfes von einigen der ambitioniertesten und qualitätsbewusstesten Winzer in Deutschland, eine auf Herkunft fußende Qualitätshierarchie zu etablieren, um die weltweite Wertschätzung für ihre Spitzenweine sicher zustellen, die in Frankreich (Burgund) schon lange gebräuchlich ist."

Von **Michael Wäser** kann der Roman ***In uns ist Licht*** wärmstens empfohlen werden: Zwei Handlungsstränge spielen einander zu, der eine in Paris und Berlin des Biedermeier um 1830, der andere im heutigen Berlin, wo eine Serie von Lithophanien, porzellanene Bildplatten (die vor allem in der Berliner Königlichen Porzellanmanufaktur KPM gefertigt wurden,wo große Teile des Romans kenntnisreich spielen), der letzte Schrei der 1830er Jahre, nicht weniger als einen Mord aufdecken. Eines der figuren- und episodenreichsten Bücher, die man vor Auge und Lesebrille bekommen kann, 20 Euro kostet es, umfasst 300 Seiten im Hardcover.

Sodann **Michael Wäser** der Roman ***Familie Fisch macht Urlaub oder Niemand hat die Absicht, eine Mauer zu errichten*** – just in den Tagen des Mauerbaus und aus komplexen familieninternen Gründen plant die vielköpfige Familie Fisch ihre als Urlaub getarnte Republikflucht aus der DDR.

Die Familie Matuschka von Greiffenclau ist seit rund 1000 Jahren mit Franken und dem Rheingau sowie mit Städten wie Würzburg, Mainz, Trier oder Gundheim assoziiert. Tatsächlich reicht der Einfluß der Familie weit in die deutsche Geschichte hinein. **Markus Graf Matuschka von Greiffenclau** hat als Herausgeber gemeinsam mit der Kulturwissenschaftlerin **Lisa Keilhofer** und dem Historiker Dr. **Stefan Kraus** die Familienarchive geöffnet und ein informatives, an geschichtlichen Einblicken reiches Buch vorgelegt:

Die Grafen Matuschka von Greiffenclau. Die historische Familiengeschichte umfaßt in großformatigem Hardcover im Schutzumschlag 248 reich bebilderte Seiten und kostet 29 Euro.

Ein unterhaltsamer und kurzweiliger Ritt durch die Geschichte. Wir satteln auf mit Karl dem Großen, nehmen das Mittelalter im Galopp. Die Transformation vom Ostfränkischen zum Römischen Reich fliegt vorbei, ebenso die Goldene Bulle, Königswahlen, Kaiserkrönungen. Mit Beginn der Neuzeit wird unser Tempo gemächlicher, wir traben durch die Kirchengeschichte des Abendlandes, treffen Jan Hus, Martin Luther sowie deren Beichtväter und Vertraute. Vom katholischen Schisma zu den politischen Auseinandersetzungen und territorialen Veränderungen Europas trennt uns nur ein kleiner Wassergraben, der mit einem eleganten Sprung genommen wird. Auf der politischen Bühne treffen wir Wallenstein, Napoleon, eine Reihe von Habsburgern – und immer wieder fällt der Name Greiffenclau. Die Europäische Geschichte ist eng verwoben mit der Familiengeschichte der Grafen Matuschka von Greiffenclau.

Und muß man es noch dazu sagen: Immer sind die Matuschkas mit Wein verbunden, von den ursprünglichen Lagen am Rhein bis hin zu Markus Graf Matuschkas eigener Cognac-Produktion.

Bleiben Sie neugierig, Ihr Axel Dielmann

axel dielmann – verlag
Kommanditgesellschaft in Frankfurt am Main

Donnersbergstraße 36
D – 60528 Frankfurt am Main
069 / 9435 9000
neugier@dielmann-verlag.de

www.dielmann-verlag.de